STADT Wien
BEKANNT

STADT Wien BEKANNT

Unnützes Wien Wissen

2

|Holzbaum

Stadtbekannt Medien GmbH Unnützes WienWissen 2 - www.stadtbekannt.at
1. Auflage 2014 ISBN 978-3-902980-04-5
Fotos Stadtbekannt Medien GmbH (sofern nicht anders angegeben)
Fotografinnen Calina Fontanesi und Marlene Mautner
Druck Wograndl, Mattersburg

INHALT

VORWORT

Das Ausmaß an Geschichten und Anekdoten rund um die Stadt Wien ist noch lange nicht erschöpft. Erstaunliche Begebenheiten, einmalige Persönlichkeiten, tief schwarzer Humor und triefender Sarkasmus sind Grund genug für die zweite Ausgabe unseres „Unnützen WienWissens".

Wien hat viele Gesichter und ist Heimat erstaunlicher Begebenheiten und einmaliger Persönlichkeiten. Im Verborgenen finden sich die besten Geschichten und es gibt immer noch eine mehr zu entdecken. Egal ob Kaiserliches, Königliches, Widerliches oder Lächerliches, alles davon ist wissentlich wertvoll und zeichnet die Stadt Wien aus. Jene Anekdoten, die einem zum Lachen bringen oder beim Lesen zum Kopfschütteln, sind es, die einem in Erinnerung bleiben und diese Stadt noch charmanter wirken lassen.

Wir haben es uns zur Aufgabe gemacht, jene Geschichten zu erzählen, die Wien zum Leben erwecken und am Leben halten. Wir sind stets mit einem Ohr am rhythmischen Puls der Stadt und hören auch bei Berichten aus längst vergangenen Tagen genau hin. Wir bringen zu Papier, was sonst in der Luft liegt. Augen und Ohren stets offen widmet sich das gesamte STADTBEKANNT-Team seiner größten Leidenschaft – „Wien, Wien, nur du allein..."

HISTORISCHES

Wien atmet Geschichte. Auf einiges kann diese Stadt von Welt schon zurückblicken, und die Spuren der Vergangenheit sind überall zu sehen: Seien es nun römische Ruinen, mittelalterlich-morbide Katakomben, Kirchen, Palais aus der Glanzzeit der versunkenen Monarchie oder die elegante Gemütlichkeit der Wiener Kaffehäuser, in denen einst berühmte Literaten und Künstler über ihren Werken brüteten - an jeder Ecke Wiens lebt die Vergangenheit.
Doch neben all dem Offensichtlichen gibt es auch kleine skurrile Anekdoten aus der Wiener Geschichte, die es wert sind, wahrgenommen zu werden.

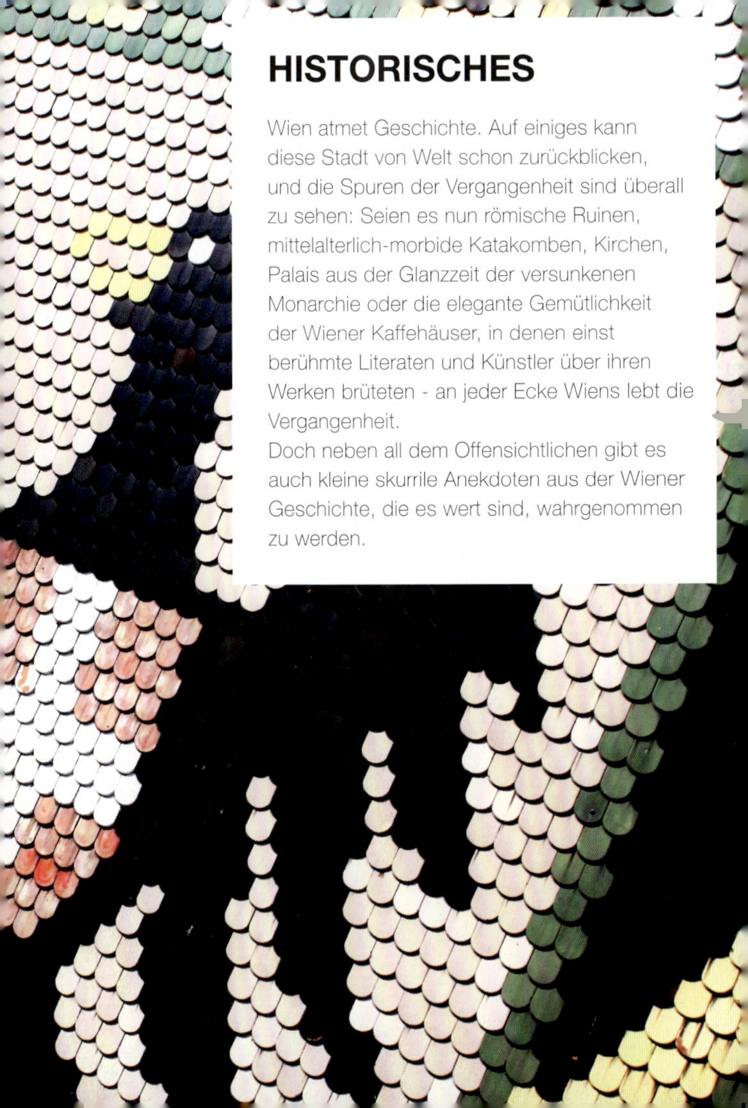

DER WIENER STEPHANSDOM

DER HÖCHSTE
Im ehemaligen Österreich-Ungarn durfte keine Kirche höher als der Südturm des Stephansdoms gebaut werden.

Die Domkirche St. Stephan zu Wien war mit 136 Metern einige Jahre lang das höchste Gebäude der Welt.

DER STEPHANSDOM ALS FEUERWACHE

Der Stephansdom hatte einst als höchstes Gebäude der Stadt auch die Funktion der Feuerwache inne. 1534 wurde der Beruf des Türmers eingeführt.

TURMWACHE

NOTIZ AM RANDE
Das Verb „türmen" für „fliehen" hat nichts mit dem Türmer zu tun. Es leitet sich von der mittelalterlichen Rückzugsstrategie in gut befestigte und mit Proviant versorgte (Burg)-Türme ab.

Der Türmer (die Turmwache) des Stephansdoms hatte die Aufgabe im Brandfall mit einem blechernen Sprachrohr die Bevölkerung zu warnen und mit einer roten Fahne bei Tag bzw. einer roten Laterne in der Nacht die Richtung anzuzeigen, in der er den Brand entdeckt hatte. 1866 wurde die Turmwache durch einen Feuerwehrmann ersetzt. Diesen Dienst gab es noch bis Ende 1955.

ZAHLENSYMBOLIK

CHRISTUS UND DIE 12 APOSTEL
Um den Südturm gruppieren sich 12 Fialentürmchen, entsprechend der Anzahl der Apostel. In der Mitte ragt die Turmspitze hervor - sie steht in der Symbolik für Christus.

Zur Türmerstube des Stephansdom führen 343 Stufen, das ist $(3+4)^3$ oder 7x7x7. Als „göttliche Zahl" übertrifft 777 auch 666, die „Zahl des Tieres".

Alte Mauer am Michaelerplatz

STADTMAUER

Der Bau der Wiener Stadtmauer und die Gründung der Wiener Münze (heute Münze Österreich) wurde aus dem Lösegeld für den englischen König Richard Löwenherz bezahlt, der 1192 von Leopold V. in Erdberg auf dem Rückweg vom 3. Kreuzzug gefangengenommen wurde. Das Lösegeld betrug 6.000 Eimer Silber, das sind über 23 Tonnen.

HINWEIS AM RANDE
Mit dem saftigen Lösegeld ging sich sogar noch die Errichtung von Wiener Neustadt aus - 1195 war Baubeginn.

GROSSZÜGIGES GESCHENK

ALTES RATHAUS
Das Alte Rathaus steht nach zahlreichen Umbauten heute noch und befindet sich in der Wipplingerstraße 8 im 1. Wiener Gemeindebezirk.

1316 schenkte Friedrich der Schöne der Stadt Wien ein Rathaus. Vier Jahre darauf erlaubte er die Anlage eines Stadtbuches, was bedeutete, dass Wien als eigenständige Stadt bestehen bleiben durfte.

MARTINSTRASSE

1870 fand in den Weingärten in der heutigen

Naschmarkt

Martinstraße die letzte Weinlese statt.

NASCHMARKT

Fisch-Gruber ist das älteste Unternehmen am Wiener Naschmarkt. Seit 1876 bzw. in der 5. Generation verkauft Familie Gruber sowohl Süßwasser- und Salzwasserfische als auch Meeresfrüchte.

ASCHENMARKT
Der Naschmarkt hatte ursprünglich den Namen „Aschenmarkt" und diente der Versorgung mit landwirtschaftlichen Produkten wie Obst, Gemüse und Milch. „Asch" ist eine alte Bezeichnung für einen hölzernen Milchkübel aus Eschenholz.

KURIENWAHLRECHT

WAHLRECHT
Bevor in Österreich 1907 das geheime und direkte Wahlrecht eingeführt wurde, unterteilte sich die Wählerschaft seit 1896 in 5 Kurien: adlige Großgrundbesitzer, Stadtgemeinde, Handel, Landgemeinde und der Rest der männlichen Bevölkerung.

Seit der Wahlreform von 1873 wurden die Abgeordneten für das Abgeordnetenhaus durch direkte Wahlen ermittelt. Wahlberechtigt waren Männer, die nach ihrem Stand und Vermögen in vier Kurien mit unterschiedlichen Stimmgewicht eingeordnet wurden: Großgrundbesitzer, Handels- und Gewerbekammern, Groß- und Mittelbauern, sowie Männer, die eine Mindeststeuerleistung von 10 Gulden erbrachten. Ärmere Männer und Frauen durften gar nicht wählen. Im Jahre 1880 waren nur 3,5% der Wiener Bevölkerung überhaupt wahlberechtigt!

FRAUEN-WAHLRECHT

1918 wurde auch Frauen das Wahlrecht zugesprochen, welches sie 1919 bei der Wahl zur Deutschen Nationalversammlung zum ersten Mal nutzen konnten. Frauen in der Kurie der adligen Großgrundbesitzer kamen schon früher zu ihrem Recht - sie durften schon vor 1907 wählen.

DAS HETZTHEATER

„SO A HETZ!"
Da die Tierhetze damals ein beliebtes Freizeitvergnügen war, verdanken wir diesem Theater den Ausdruck „A so a Hetz".

Zu Beginn des 18. Jahrhunderts wurde in der Wiener Leopoldstadt das erste Hetztheater gebaut, in dem man diverse Tiere wie Bären, Hunde oder gar Löwen aufeinander losließ. Vor dem Stubentor wurde 1755 ein neues,

Rosenhügel Filmstudios Fahne

größeres Amphitheater zu diesem Zweck errichtet.

ROSENHÜGEL FILMSTUDIOS

1923 eröffnete die Filmproduktionsgesellschaft

Vita-Film die Rosenhügel-Filmstudios, die damals größten und modernsten Filmstudios in ganz Österreich.

FILMPREMIERE

An der „Graphischen" wurde 1896 vor geladenem Publikum der erste Film in Wien vorgeführt. Er zeigt die Ankunft eines Zuges in den Bahnhof von La Ciotat im malerischen Südfrankreich.

ERSTE ÖFFENTLICHE KINOVORFÜHRUNGEN

KURZES VERGNÜGEN
Die Lumière-Kurzfilme zeigten Alltagsszenen und waren nur etwa eine Minute lang. Sie trugen Titel wie „Eine Feuersbrunst", „Baby's Frühstück" oder „Arbeiter verlassen die Lumière-Werke".

Die ersten öffentlichen Kinovorführungen Österreichs fanden 1896 im Mezzanin des Gebäudes an der Kärntnerstraße 45 Ecke Krugerstraße 2 statt. Es wurden sechs Filme der Filmpioniere Lumière gezeigt.

KINOS IN DER LEOPOLDSTADT

WIENER KINO-SCHWUND
Wien hat mit 35 Kinos die meisten Kinos im Bundesländer-Ranking. Das ist wenig - 1939 gab es noch unglaubliche 222 Kinos in der Hauptstadt.

Die Leopoldstadt hatte 1922 mit 20 Lichtspieltheatern die meisten Kinos aller Wiener Bezirke. Heute gibt es kein einziges Lichtspielhaus mehr im 2. Bezirk.

FREILUFTKINOS

In den letzten Jahren gab es mit drei alljährlichen Sommerkinos die meisten Freiluftkinos in der Leopoldstadt.

INTERNET

Am 10. März 1990 bekam die Uni Wien den ersten Internetanschluss Wiens.

GUT VERNETZT
Heute verfügen acht von zehn Haushalten in Österreich über einen Computer mit Internetzugang.

GASOMETER

In den vier Gasometern mit einem Gasvolumen von je 90.000 m³ wurde früher Kohlengas gespeichert, bevor es zum Verbrauch in das Gasnetz abgegeben wurde. Zunächst benutzte man das Kohlengas nur für die Straßenbeleuchtung, erst ab 1910 kam Gas auch zum Kochen und Heizen zum Einsatz.

NEUE AUFGABEN
Heute beherbergen die Gasometer unter anderem Wohnungen, eine Veranstaltungshalle, ein Einkaufszentrum, ein Kino, diverse Lokale und sogar ein Studentenheim.

WJATSCHESLAW MICHAILOWITSCH MOLOTOW

Wjatscheslaw Michailowitsch Molotow war von 1930 bis 1941 Regierungschef der Sowjetunion. Von 1953–1956 war er sowjetischer Außenminister. In dieser Funktion unterzeichnete er am 15. Mai 1955 in Wien im Belvedere den Österreichischen Staatsvertrag. Von 1960 bis 1962 vertrat er die UdSSR bei der Internationalen Atomenergieorganisation IAEO in Wien. Während dieser Zeit fuhr er einmal in der Woche mit der Liliputbahn.

„EISENARSCH"
Molotows Spitzname war „Eisenarsch" und eine Brandbombe wurde nach ihm benannt - der Molotowcocktail.

STAVROS PAPADOPOULOS

Unter dem Decknamen Stavros Papadopoulos lebte Josef Stalin für einige Wochen bei einer

ALTE ANGEWOHNHEIT
Das Namen erfinden war für ihn nicht neu: Geboren als Iosseb Bessarionis dse Dschughaschwili, nahm er 1912 den Kampfnamen Stalin, „der Stählerne", an.

Schönbrunner Schloßstraße 30

russischen Aristokratenfamilie in Wien - und zwar in der Schönbrunner Schloßstraße 30 im 12. Bezirk.

AUF DER FLUCHT

Im Jahre 1902 floh Lew Dawidowitsch Bronstein aus der Verbannung in Sibirien. Er beschaffte sich einen gefälschten Pass lautend auf den Namen „Trotzki".
Später zum Vorsitzenden des Sowjets aufgestiegen, wurde Leo Trotzki ein zweites Mal zu lebenslanger Verbannung verurteilt. Bereits beim Transport nach Sibirien gelang ihm abermals die Flucht und er entkam nach Wien, wo er gerne Schach in den Kaffeehäusern spielte.

HINWEIS AM RANDE
Er benannte sich nach dem Oberaufseher des Gefängnisses in Odessa.

ADOLF HITLER

Adolf Hitlers erste Wiener Wohnung war in der Stumpergasse 31/2. Stiege/Tür 17. Die 10 m² kleine Kellergeschoßwohnung teilte er sich mit einem Freund. Hitler verließ die Wohnung ohne die Miete zu bezahlen und wurde später obdachlos. Er übernachtete im Meidlinger Obdachlosenasyl und zog 1910 ins Männerwohnheim Meldemannstraße.

NEUES HEIM
Das Männerheim in der Meldemannstraße war bis 2003 in Betrieb, neuer Standort des Obdachlosenasyls ist die Siemensstraße im 21. Bezirk.

KOFFERTRÄGER

Hitler versuchte sich in Wien in mehreren Jobs, an denen er jedoch immer kläglich scheiterte. Unter anderem war er kurzzeitig Kofferträger am Wiener Westbahnhof. Da ihm das Gepäck aber zu schwer war, hatte er den Job nicht lange. Schade, eigentlich.

TALENTFREI
Ebenso schade war, dass die Wiener Kunstakademie ihn nicht aufnahm. Als mittelmäßiger „Kunst"-Postkartenmaler hätte er womöglich weniger Schaden angerichtet.

Westbahnhof

GEBRÜDER GRÄF

GRÄF & STIFT
Ab 1901 hieß das Unternehmen „Gräf & Stift". Der wohl berühmteste Wagen dieser Marke war der Doppelphaeton: In einem solchen wurde der Thronfolger Franz Ferdinand erschossen.

Das erste Benzinauto der Welt mit Vorderradantrieb bauten die Gebrüder Gräf in der Nußdorfer Straße im 9. Wiener Gemeindebezirk.

JOSEF BROZ

Josef Broz war Werksfahrer der Firma Daimler in Wien und im Ersten Weltkrieg Zugführer der k.u.k Armee an der Karpatenfront. Das Pseudonym Tito nahm Josip Broz 1934 an, als er Mitglied des Politbüros der Kommunistischen Partei Jugoslawiens wurde. Nach dem Zweiten Weltkrieg Krieg wurde er Ministerpräsident und anschließend Staatspräsident Jugoslawiens.

MARCUS-CURTIUS-LOCH

Habt ihr gewusst, dass es mit dem Marcus-Curtius-Loch dreihundert Jahre lang ein kreisrundes Loch auf dem Lugeck gegeben hat?
Es wurde zum Scherz nach dem römischen Soldaten Marcus Curtius benannt, welcher sich einer überlieferten Sage von Titus Livius nach durch einen Sprung in einen Erdspalt selbst opferte, um die Götter zu versöhnen und ein Beispiel für Tapferkeit zu setzen. Studenten der nahegelegenen Universität sollen davon zur Namensgebung inspiriert worden sein.

ZUGESCHÜTTET
Das Loch ist inzwischen zugeschüttet. Heute steht dort das Denkmal von Johannes Gutenberg.

JOSEPH GEORG HÖRL

Joseph Georg Hörl war von 1773 bis 1804 Bürgermeister Wiens. Mit 31 Jahren hat er bis heute die längste Amtszeit eines Wiener Bürgermeisters inne.

KÜRZESTE AMTSZEIT
Die kürzeste Amtszeit als Wiener Bürgermeister hatte Rudolf Prikryl - er war kurz nach Kriegsende 1945 ganze drei Tage im Amt.

CAROLUS CLUSIUS

Charles de l'Écluse (lat. Carolus Clusius) pflanzte 1576 die erste Rosskastanie in Wien.

Wiener Rathaus

Wir verdanken ihm neben der Rosskastanie auch die Tulpe, die Kaiserkrone und den Erdäpfel.

AEROLATOR

EIGENWILLIGES DESIGN
Die Apparate muten für das heutige Auge an wie eine Mischung aus Astronautenoutfit und steinzeitlicher Gasmaske.

1923 wurden von der Wiener Feuerwehr sechs Atemschutzgeräte des Typs „Aerolator" angeschafft.

BANCOZETTEL

NOTIZ AM RANDE
Bancozettel gab es zunächst im Gegenwert von 5, 10, 25 oder 100, später auch von 500 und 1000 Gulden. Bis 1812 waren sie in Verwendung.

Ab dem 01. 07. 1762 vom Wiener Stadtbanco ausgegeben, war der „Bancozettel" das erste Papiergeld Österreichs.

Donau

DER ERSTE FRIEDHOF DER NAMENLOSEN

In der Nähe des Alberner Hafens an der Donau wurden immer wieder Wasserleichen an Land getrieben. Die erste Beisetzung einer unbekannten Leiche fand hier 1840 statt. So entstand der erste Friedhof der Namenlosen, wo heute 478 Opfer der Donau ruhen. Aufgrund zahlreicher Überschwemmungen war er von Bäumen überwachsen, bis er im Februar 2013 im Zuge des Hafenausbaus

WIENER HÄFEN
Insgesamt hat Wien sechs Häfen: Freudenau, Albern, Lobau, Marina Wien, DDSG-Hafen Wien und Kuchelau.

komplett zerstört wurde.

DER ZWEITE FRIEDHOF DER NAMENLOSEN

TÖDLICHE DONAU
Heute werden Wasserleichen aufgrund veränderter Strömungen nur noch selten an Land gespült. Sie bleiben oft gemeinsam mit anderem Treibgut in Schleusen und Kraftwerken hängen.

Die letzte Beisetzung auf dem zweiten Friedhof der Namenlosen in Albern fand offiziellen Angaben zufolge 1940 statt, allerdings existiert ein Grabkreuz mit der Jahreszahl 1953. Insgesamt ruhen hier 104 Leichen, mehr als die Hälfte davon wurden nie identifiziert.

DER ERSTE WIENER WEIHNACHTSBAUM

Der erste Weihnachtsbaum wurde 1814 von der Gesellschaftsdame Freifrau Fanny von Arnstein in Wien aufgestellt. Später wurde dieser Brauch von Henriette von Nassau-Weilburg, der Gattin Erzherzog Karls, übernommen und verbreitete sich wie ein Lauffeuer durch alle Gesellschaftsschichten.

GYMNASIUM NUR FÜR BUBEN

Von 1938 bis 1945 war Mädchen der Besuch eines Gymnasiums nur mit ministerieller Genehmigung erlaubt, weil eine solche Bildung nicht dem Frauenbild des NS-Regimes entsprach.

HÄUSLICHES FRAUENBILD
Mädchen wurden im NS-Regime bevorzugt in „Mädchenlyzeen" und „Frauenoberschulen" von den Burschen getrennt unterrichtet, mit dem Hauptziel, sie zu „guten Müttern" zu machen.

WIENER FUSS

Der Wiener Fuß oder auch Wiener Schuh wurde am 17. Februar 1872 durch den Meter abgelöst. Seine Länge entsprach 0,316081 Metern.

UNBEQUEMER SCHUH
Der „Wiener Schuh" war übrigens auch ein berüchtigtes Folterinstrument, ähnlich dem „Spanischen Stiefel", mit dem der Fuß des Opfers zerquetscht wurde.

DURCHSETZUNGSVERMÖGEN

Zwischen 1893 und 1901 hatte Otto Wagner den Auftrag eine Stadtbahn für Wien zu bauen. Der berühmte Architekt wollte die Bahn überirdisch entlang des Gürtels führen - der Unternehmer Karl Wimberger hingegen wollte, dass die Züge unterirdisch an seinem

Hotel vorbeiziehen, um die Hotelgäste vor Lärmbelästigung zu schützen. Er schaffte es, seinen Freund und damaligen Bürgermeister Karl Lueger zu überzeugen und noch heute verläuft die U6 zwischen Burggasse und Westbahnhof unterirdisch.

KARL WIMBERGER

Das 1870/71 von Karl Wimberger gegründete „Hotel Wimberger" - heute bekannt als das „Arcotel Wimberger Wien" - war das erste „Arcotel Hotel" der „Arcotel" Hotelkette.

BALLTREIBEN

NOTAUSGANG
Auf der Rückseite des Arcotel Wimberger Wien befindet sich die Kenyongasse, welche direkt in die Wimbergergasse mündet.

Das Hotel Wimberger wurde bald auch für seine rauschenden Ballnächte und lustigen Veranstaltungen bekannt. Auch der berühmte Vertreter des Wienerlieds, Carl „Trink ma no a Flascherl Wein" Lorens wusste, dass die besten Nächte beim Wimberger enden.

Text:
„Beim Gschwandtner und Stalehner
Da lernt ma si' kenna,
Beim Wimberger geht's weiter
allerweil lustig und heiter."

ARCOTEL WIMBERGER WIEN
Neubaugürtel 34-36
1070 Wien

WIENER HAUSNAMEN

1773 wurden in Wien erstmals sichtbar Nummern an den Häusern angebracht. Bis

DEO
PATRI
CREATORI

dahin kennzeichnete man die Häuser mit Zeichen oder sie erhielten Namen, wie z.B. „Küss den Pfennig", „Zum Kometen", „Stoß am Himmel", „Wo der Wolf den Gänsen predigt" oder „Schab' den Rüssel"...

WIENER ADRESSBÜCHER

Die Wiener Adressbücher, die von 1859 bis etwa 1942 erschienen, waren nach dem ersten Herausgeber „Lehmann" benannt. Mittlerweile heißen sie „Herold".

DIE PEST AUS BOMBAY

1897 begaben sich Wiener Wissenschaftler nach Bombay, wo die Pest ausgebrochen war. Da in Mitteleuropa jahrzehntelang keine Pest mehr gewütet hatte, kannte man sich mit den Symptomen nicht besonders gut aus. Die Wissenschaftler brachten Pestkulturen mit und dachten irrigerweise, dass diese Pest für Weiße nicht ansteckend sei. Ein Wissenschaftler starb sofort, die übrigen wurden rasch in Quarantäne genommen, was wohl eine Ausbreitung der Pest verhinderte. Zwei in Quarantäne genommene Personen starben ebenfalls, eine Krankenschwester überlebte.

Kunsthalle Wien

Museumsquartier
Karlsplatz

Wiener

MUSIKALISCHES

Musik gehört zu Wien wie zur Wachau der Wein und die Eulen zu Athen. Egal ob im Zeitalter der Klassik oder heute - komponiert, gespielt und gesungen wurde hier immer. Und zwar von musikalischen Großmeistern und Könnern gleichermaßen wie von Ex-Fußballspielern und originellen Wiener Seelen mit einem Hang zum Zynismus.

Einige Anekdoten aus der Welt der Klänge und ihrer mehr oder weniger schillernden Protagonisten fanden den Weg in dieses Kapitel.

HANS ORSOLICS

Der ehemalige österreichische Profi-Boxer und zugleich jüngster Europameister avancierte als Sänger zur Kultfigur in Österreich. Mit dem Lied „Mei potschertes Leb'n" schaffte er es von Februar bis April 1986 auf Platz 1 der Austrian Charts.

ORSOLICS SCHLÄGT FALCO
„Mei potschertes Leb'n" verdrängte sogar Falco's „Jeanny" von der Spitze der Ö3 Charts.

LUDWIG HIRSCH

Das Lied von Ludwig Hirsch „Komm, großer schwarzer Vogel" durfte nach 22:00 Uhr nicht mehr auf Ö3 gespielt werden, um depressive Zuhörer vor dem Selbstmord zu bewahren.

BUNDESBAHNBLUES

In diesem Lied ist Qualtinger „looking for his baby" an folgenden Orten: Scheibbs, Lunz, Ybbs, Schruns, Wulkaprodersdorf, Attnang-Puchheim, Mistelbach, Stinkenbrunn, Zwettl, Wieselburg, Hadersdorf, Weidlingau, Kaisermühlen, Gänserndorf, Amstetten, Breitenfurt, Klagenfurt, Wörgl, Fuschl, Graz, Oberlaa, Unterlaa, Erlaa, Laa an der Thaya, Bruck an der Mur, Bruck an der Ybbs, Bruck an der Donau, Bruck an der Leitha und von Bludenz bis Marchegg und von Braunau bis St. Veit an der Glan.

HELMUT QUALTINGER

Qualtingers Hofzeremoniell: vom Helmut-Qualtinger-Hof über den Heiligenkreuzerhof auf den Wiener Zentralfriedhof.

FIT MIT Ö3

Ilse Buck, die „Fit mach mit"-Queen von Ö3 und Vorturnerin der Nation, war mit ihrem Programm ausschlaggebend dafür, dass Hans Hölzel alias Falco allmorgendlich Fitnessübungen auf Ö3 vorrappte.

AEROBIC MIT FALCO

Mit Aussagen wie „Was die Gesundheit anbelangt, haben manche Leute schon so gesund gelebt, dass sie am Ende daran gestorben sind..." spielte er sich in die Herzen der Wiener.

KOTTAN ERMITTELT

DER KOMMISSAR
Der Song des „ersten weißen Rappers" schlug ein wie eine Bombe: Platz 1 in den Charts von Österreich, Deutschland, Spanien, Italien und sogar Japan!

Sowohl Ilse Buck als auch Falco hatten einen Gastaufritt bei „Kottan ermittelt". Für Falco wurde der Auftritt Inspirationsgeber für den Song „Der Kommissar".

LANDSTREICHER

Während seiner Zeit in Wien ging Ludwig van Beethoven gerne mit Bleistift und Notenzettel

DAS KNOCHENRÄTSEL IST GELÖST
Lange Zeit galten Teile von Beethovens Schädelknochen als verschollen. Ans Tageslicht kamen sie in Amerika: Der Uronkel des Erben war 1863 an der Vermessung der Gebeine beteiligt gewesen und hatte die „Reliquie" an sich genommen. Die Echtheit der Knochenteile Beethovens wurde 2005 bestätigt.

im Wald rund um Mödling spazieren und ließ sich von der Natur inspirieren. Weil er mit zerknitttertem Gewand herumlief und oft Melodien summte, hielten ihn Anrainer für einen Spinner. Einmal wurde er gar als „Landstreicher" verhaftet - erst durch Zusicherungen eines Musikdirektors glaubte man ihm, der berühmte Komponist zu sein.

LUDWIG VAN BEETHOVEN

Beethoven wurde dreimal begraben. Zum ersten Mal im Jahre 1827, nachdem er in seiner Wohnung in Wien verstorben war. Zum zweiten Mal im Jahr 1863, nachdem sein Leichnam ausgegraben wurde, um die Gebeine zu vermessen. Zu guter Letzt wurde Ludwig von Beethoven 1888 noch einmal begraben - und zwar auf dem Wiener Zentralfriedhof in der Ehrengräber - Gruppe 32 A, Nr. 29.

INTELLEKTUELLE NACKTHEIT

GEORG DANZER
„Jö schau" war Georg Danzers einziger Nummer 1 Hit. Auch „Hupf' in Gatsch" oder „Fett wie ein Radierer" sind dem Wiener Ohr aber wohlbekannt.

Mit seinem Lied „Jö schau" durchbrach Danzer die Mauer vom Straßenmusiker zum gefragten Künstler. In dem Lied geht es nur vordergründig um den exhibitionistischen „Nackerten im Hawelka" - dahinter steckt bitterböse Kritik an prominenten „geistigen Nackerbazln", die sich zwecks Selbstdarstellung ins Künstlercafé setzen.

FERDINAND MAXIMILIAN NEUMAYER

Peter Alexander Ferdinand Maximilian Neumayer alias Peter Alexander sammelte seine ersten Schauspielerfahrungen 1945 in britischer Kriegsgefangenschaft. Gesang und Klavierspiel brachte er sich autodidaktisch bei.

PETER ALEXANDER
Peter Alexanders LP „Verliebte Jahre" wurde 1991 von Dieter Bohlen produziert.

PUBLIKUMSLIEBLING

Die „Peter Alexander Show" verfolgten allein in Deutschland bis zu 38 Millionen Zuseher vor den Bildschirmen. Etwa 46 Millionen Tonträger mit seinen Liedern wurden allein in Deutschland verkauft. Von seinen 156 Singles schafften es 38 in die Top Ten der deutschen Hitparade.

JAZZ GITTI

Martha Butbul alias Jazz Gitti, die ihre Anfänge bei der Anarcho-Kult-Band „Drahdiwaberl" machte, erhielt 1991 den World Music Award aus den Händen von Cliff Richards überreicht.

PROMINENTER KOLLEGE
Neben Jazz Gitti wirkte ein wahres Großkaliber der österreichischen Musikszene bei Drahdiwaberl mit: Hans Hölzel alias Falco.

SKANDALÖSE AUFTRITTE

Stefan Weber war Gründer und Frontmann der berühmt-berüchtigten Wiener Band „Drahdiwaberl", die für ihre obzönen Auftritte bekannt wurde. So kam es etwa auf der Bühne zu Geschlechtsverkehr, es wurde auf Kronen Zeitungen gepinkelt und man suhlte sich in Dreck und Essenresten.

KABINENPARTY

JUGENDWORT
Im Jahr 2010 wurde das Wort „Kabinenparty" zum ersten „Jugendwort des Jahres" gewählt.

Das im Linzer und Wiener Dialekt gesungene Lied „Kabinenparty" von dem Musiker Skero gelangte erst durch die Gründung einer Facebook-Gruppe namens „Wir manipulieren die Charts – Kabinenparty als Nummer-Eins-Hit" zum kommerziellen Erfolg und brachte somit das Wienerlied in abgewandelter Form zurück in die österreichischen Charts.

GEORG KREISLER

Der in Wien geborene, zynische und satirische Sänger Georg Kreisler, welcher vor allem durch seine Lieder wie „Taubenvergiften" oder dem „Kapitalistenlied" Bekanntheit erlangte, flüchtete 1938 aufgrund seiner jüdischen Abstammung gemeinsam mit seiner Familie nach Amerika. 1955 kehrte er nach Wien zurück, erhielt aber nie wieder die österreichische Staatsbürgerschaft.

PSEUDONYME

Francis Charles Georges Jean André Heller-Hueart ist der Vater von Ferdinand Sarnitz. Was auf Deutsch so viel heißt wie: „André Heller ist der Vater von Left Boy".

GUSTAV & WILHELM HELLER

Der Urgroßvater des Rappers Left Boy ist

Johann Strauss Sohn

Wilhelm Heller, der gemeinsam mit seinem Bruder Gustav die Dragees erfand. Dem Wiener Süßwarenhersteller Gustav & Wilhelm Heller verdanken wir auch das „Wiener Zuckerl".

WIENER ZUCKERL
Die länglichen, in Papier gewickelten und süß gefüllten Fruchtbonbons gibt es in sechs Sorten: Himbeere, Zitrone, Marille, schwarze Ribisel, Mandarine und Ananas. Heute werden sie von der Firma Englhofer hergestellt.

ORF - ETIKETTE

André Heller sollte sich auf Gerd Bachers Anordnung Andreas nennen: Wer im ORF arbeitet heißt nicht André, sondern Andreas, trägt eine Krawatte, aber keinen Bart.

FLINKER OPERETTENSCHREIBER

Nur 42 Tage benötigte Johann Strauss Sohn, um die Melodien zu seiner weltberühmten Operette „Die Fledermaus" zu komponieren. Der Großteil entstand in seiner Wohnung in der Maxingstraße 18 in Wien Hietzing.

WIENER SCHULE

In der zweiten Hälfte des 18. Jahrhunderts begründet eine Gruppe junger Komponisten die Wiener Schule.

WIENER SCHULE

HINWEIS AM RANDE
Sie wird auch Moderne Wiener Schule, Zweite Wiener Schule, Neue Wiener Schule, Schönberg Schule oder Wiener atonale Schule genannt.

Zu Beginn des 20. Jahrhunderts bildet eine weitere Gruppe junger Komponisten die Wiener Schule.

DER BLEISTIFT

Frau Renate Scheffler schenkte der Wiener Stadtbibliothek den Bleistift, den Johann Strauss Sohn zuletzt zum Komponieren verwendete.

DEIX & DIE GOOD VIBRATIONS BAND

MANFRED DEIX SINGT
1999 konnte man ihn mit der original „Beach Boys" - Band live am Donauinselfest bewundern.

Der Karikaturist und Beach Boys-Fan Manfred Deix hat Songs der amerikanischen Surfer-Band in den Wiener Dialekt übersetzt. Diese sind als CD unter dem Namen „Musik aus

MOZART
MDCCLVI-MDCCXCI

Ameriga" erschienen.

CHART-STÜRMER

Christina Stürmer, Zweitplazierte der Casting-Show „Starmania", wurde acht Mal mit dem Österreichischen Musikpreis Amadeus Award ausgezeichnet. Sie ist damit die am häufigsten ausgezeichnete Künstlerin und nebenbei mit 15 Nominierungen auch die am häufigsten nominierte.

ZWÖLFTONMUSIK - ARNOLD SCHÖNBERG

SCHÖNBERG UND HAUER
Während Arnold Schönberg als Erfinder der Zwölftontechnik gilt, fand Josef Matthias Hauer mit seinen Theorien jedoch nur wenig Beachtung. Als Namensgeber für Wiener Plätze sind sie jedoch ebenbürdig: Seit 1952 gibt es in Wien Penzing den Schönbergplatz und seit 1988 in Wien Josefstadt den Josef-Matthias-Hauer-Platz.

Anfang der 1920er Jahre entwickelte Schönberg die Zwölftontechnik.

ZWÖLFTONMUSIK - JOSEF MATTHIAS HAUER

Im Jahre 1912 begann Josef Matthias Hauer, eine Zwölftonmusik zu entwickeln. Sein „Nomos" op. 19 (August 1919) gilt als die erste Zwölftonkomposition überhaupt.

MOZARTS LIFESTYLE

MUSIKALISCHE FREIMAURER
Wolfgang Amadeus Mozart trat in Wien der Freimaurerloge „Zur Wohltätigkeit" bei. Auch sein Freund und Komponistenkollege Joseph Haydn und sein Vater Leopold Mozart wurden Mitglieder.

Mozart wird oft als „armes Genie" dargestellt. Nach heutigen Maßstäben verdiente er aber rund 125.000 Euro im Jahr. Teure große Wohnungen, Personalkosten, sowie ein aufwendiger Lebensstil mit einem Hang zum Glücksspiel minderten sein Vermögen, aber niemals so sehr, dass er Armut leiden musste.

TOD DEM HASEN

Gleich zwei Liedermacher haben sich den beliebten Osterhasen zur Brust genommen und über dessen Tod philosphiert. So fragte Heli Deinböck in seinem gleichnamigen Song „Wer tötete den Osterhasen" und erhielt als Antwort darauf von Ludwig Hirsch „Der Osterhase wurde im Raum Waldburg an der Grenze von einem gottverdammten Panzer überrollt". („Diese gottverdammte Pleite")

SUPERMAXIMAL

Supermax, die Band rund um Kurt Hauenstein, war 1981 die erste Band, die während der Apartheid in Südafrika ohne den vorgeschriebenen Trennvorhang zwischen weißen und farbigen Musikern auftrat. Hauenstein erhielt für sein Verhalten Morddrohungen sowohl von Befürwortern als auch von Gegnern der Apartheid.

APARTHEID
Hauenstein und seine aus Jamaica stammenden Ehefrau waren angeblich eines der ersten gemischtrassigen Ehepaare, die offiziell in Südafrika einreisen durften.

REGGAE-SUNSPLASH

Supermax spielte als erste Band mit weißen Musikern beim Reggae-Sunsplash-Festival in Montego Bay auf Jamaica.

NACHBARSSCHRECK

MEIN KAFFEE!
Beethoven bereitete seinen Frühstückskaffee jeden Tag aus 60 abgezählten Kaffeebohnen zu.

Beethoven pflegte sich nach dem Komponieren mit riesigen Wasserzubern in seiner Wohnung in der Wiener Probusgasse 6 zu „duschen" - so ausgiebig, dass das Wasser durch die Decke in die Wohnung darunter tropfte. Der Hausfrieden hing bald schief.

EIN FUNKE

DA REFRÖÖ:
Olle Menschen samma zwider ,
i mecht's in die Goschn haun
Mir san olle Menschen zwider,
in die Goschn mecht i's haun.
Voda, Muada, Schwester,
Bruada und de gonze Paklraß
Olle Menschen samma zwider,
wann i Leit sich geh i haaß...

Der Wiener Kurt Sowinetz ist jener Mann, der die Beethoven-Symphonie „Freude schöner Götterfunken", noch bevor diese 1985 Europahymne wurde, auf „Alle Menschen samma zwider (i mecht's in die Gosch haun)" umgetextet hat.

RAINHARD FENDRICH

1983 schafften es Rainhard Fendrich und Wolfgang Ambros als erste österreichische Popmusiker ein ganzes Stadion (Weststadion, heute Gerhard-Hanappi-Stadio) zu füllen.

SONDERBRIEFMARKEN

Für die Musiker Falco, Ludwig Hirsch und Rainhard Fendrich hat die österreichische Post Sonderbriefmarken herausgegeben.

SINGENDE SPORTLER

Die Fußballer Hans Krankl, Toni Polster und Herbert Prohaska starteten neben dem Kicken eine Karriere im Musikgeschäft.

MUSIKALISCHER FLASHMOB

Joseph Haydn und seine Musikerfreude hatten sicherlich einen Heidenspaß, als sie sich mitten in der Nacht in der Innenstadt verteilten und auf ein Zeichen hin alle gleichzeitig unterschiedliche Stücke zu spielen begannen. Anrainer und Polizei fanden das polyphone Konzert weniger lustig, die Übeltäter mussten flüchten.

JOSEF

Unnützes WienWissen

www.stadtbekannt.at

SPORTLICHES

Sport ist Mord, hat einmal ein berühmter Engländer gesagt. Nicht so in Wien, denn hier ist Sport gelebte Kultur: Ob nun als Heimat allerfeinster Fußballkultur, als Tanzmetropole, als Pionierstadt des alpinen Skilaufs oder als Ort, wo die wirklich harten Kerle wohnen - Wien gibt sich sportlich. Von Großereignissen, Stars und anderen Gestalten der sportlichen Szene berichtet dieses Kapitel.

Sport im Prater

ANDREAS HERZOG

Andreas Herzog durfte mit der Genehmigung der FIFA sein hundertstes Länderspiel mit der Rückennummer 100 austragen, obwohl normalerweise nur ein- und zweistellige Rückennummern erlaubt sind.

ARGENTINISCHER TANGO

In der Argentinierstraße befindet sich ein Tangoinstitut - das Tanzstudio Ayres de Tango.

DER BOXER ALS MASSEUR

Der zweifache Boxweltmeister Mohammed Buckla, der vor mehr als dreißig Jahren seine Boxkarriere wegen einer Augenverletzung beenden musste, arbeitet seither als Heilmasseur im AKH.

EDI FINGER UND DER „CORDOBA-PLATZ"

DAS WUNDER VON CORDOBA
In dem legendären Match der WM 1978 besiegte Österreich Deutschland mit 3:2. Für den Aufstieg reichte es bei beiden Mannschaften nicht - man flog im selben Flieger nach Hause.

Zum Cordoba-Platz in Wien Floridsdorf führt die Edi-Finger-Straße, benannt nach dem Sportreporter, der mit seinem enthusiastischen „I wer' narrisch!"-Ausruf in die Fußballgeschichte einging.

FRANZ BECKENBAUER

Seinen Spitznamen „Kaiser" verdankt Franz Beckenbauer angeblich einem Fotoshooting in Wien, bei dem die Büste des ehemaligen österreichischen Kaisers Franz I. neben ihm stand.

GERHARD HANAPPI

Nach seiner Fußballkarriere bei SK Rapid Wien war Gerhard Hanappi als Architekt für den Bau des Weststadions verantwortlich.

HOHE-WAND-WIESE

Auf der Hohe-Wand-Wiese im 14. Bezirk wurde

1967 der erste offizielle Parallelslalom der Skigeschichte ausgetragen. 1986 fand hier das erste Skirennen des Alpinen Skiweltcups bei Flutlicht statt.

WIENER SKIGEBIETE
Das Skigebiet „High Hills" auf der Hohe-Wand-Wiese ist eines der beiden Skigebiete Wiens und verfügt über einen Lift und eine Piste von 400m Länge. Die Dollwiese im 13. Bezirk ist das zweite - hier gibt es einen 100m langen Zauberteppich sowie eine „Piste" mit 11% Gefälle.

JOE FRAZIER

Als Frontman der Band „The Knockouts" trat Joe Frazier in der Wiener Stadthalle auf, nur zwei Monate nachdem er „Im Kampf des Jahrhunderts" Muhammad Ali bezwang.

JOHANN „BUFFY" ETTMAYER

Buffy Ettmayer, bekannt sowohl für sein trickreiches Fußballspiel als auch für seinen Wiener Schmäh, verdankt seinen Spitznamen dem Trainer Leopold Stastny. Buffy bedeutet auf tschechisch Dickerchen.

JOSEF HICKERSBERGER

Josef Hickersberger ist der Einzige, der sowohl als Spieler als auch als Trainer für Rapid Wien und für Austria Wien tätig war.

WIENER FUSSBALLVERBAND

267 Wiener Fußballvereine beschäftigen 1.200 Trainer, die 280 Kampfmannschaften, 86 Reservemannschaften, 511 Nachwuchsmannschaften und 42 Frauenteams trainieren.

VOLLER EINSATZ

AUFWENDIGER LAUF
95 Behörden und Institutionen sind in die Abwicklung des Vienna City Marathons involviert.

4.000 MitarbeiterInnen sind am Veranstaltungstag für den Vienna City Marathon im Einsatz.

JAHRGANGSKOLLEGEN

Toni Polster wurde im selben Jahr geboren wie Jürgen Klinsmann.

WRESTLING

Otto Kringer, Mirko the Balkan Butcher, Humungus, Tom Crazy, Amazone Nicky, Martin Pain oder Hungry Lion - das sind die Stars der Wiener Wrestling Szene.

Prater

voeslauer.com
facebook.com/voeslauer
VÖSLAUER
WER JUNG BLEIBEN WILL
MUSS FRÜH DAMIT ANFANGEN.

FINDEN SIE DIESES
BRÖTCHEN LUSTIG?
WENN JA, DANN LACHEN
SIE JETZT

KULINARISCHES

Mehlspeisen, Kaffeehauskultur und Wiener Schnitzel - das gehört zu Wien wie der Senf zum Wiener Würstel. Ein Glück, dass es nie genug zu wissen gibt über die Kulinarik der Hauptstadt. Wer nach neuen Zutaten und interessanten Beilagen sucht, findet in diesem Kapitel alle Rezepte für die wahre Wiener Küche.

Konditorei Aida

AIDA

Josef Prousek war ein Opernfan und so standen 1925 bei der Benennung seines Betriebes die Opern „Aida" und „Tosca" zur Wahl. Maßgeblich für die Entscheidung zugunsten von Aida war die erste Wiener Opernaufführung unter freiem Himmel 1924 auf dem Sportplatz „Hohe Warte".

ALT WIENER SCHNAPSMUSEUM

Die Geschichte des Alt Wiener Schnapsmuseums geht bis in das Jahr 1875 zurück. Ein Rundgang durch das Museum bietet viel Wiener Schmäh und eine umfangreiche Verkostung.

CROISSANT

CROISSANT
Der Legende nach ist auch das Croissant eine österreichische Erfindung. Bei der Türkenbelagerung haben die schon in den frühen Morgenstunden wachen Bäcker Alarm geschlagen und halfen somit den Angriff im Tunnel unter der Stadtmauer abzuwehren. Zur Feier des Tages erfanden sie das Croissant.

Angeblich verdankt Frankreich das Croissant der Tochter Maria Theresias, Marie Antoinette. Das Kipferl in Hörnchenform wurde demzufolge in Frankreich in Croissant (de lune), zunehmenden Mondsichel, umbenannt.

DAS 1. WIENER GEMÜSEORCHESTER

Das erste Wiener Gemüseorchester (The Vegetable Orchestra) benutzt Gemüse als Musikinstrumente. Es kommt alles zum Einsatz, was es am Markt zu kaufen gibt: Gurken, Lauch, Karotten, Paprika, ...

ERDÄPFEL

1588 führte Charles de l'Écluse (lateinisch Carolus Clusius) die ersten beiden Erdäpfel in Wien ein. Die Clusiusgasse erinnert heute noch an ihn.

MAHLZEIT!

Ein echter Wiener füllt die Zeit zwischen den Mahlzeiten am liebsten mit Zwischenmahlzeiten.

SCHNITZELREKORDE

Der Guiness Weltrekord für das größte Wiener Schnitzel wurde am 19. Mai 2011 aufgestellt -

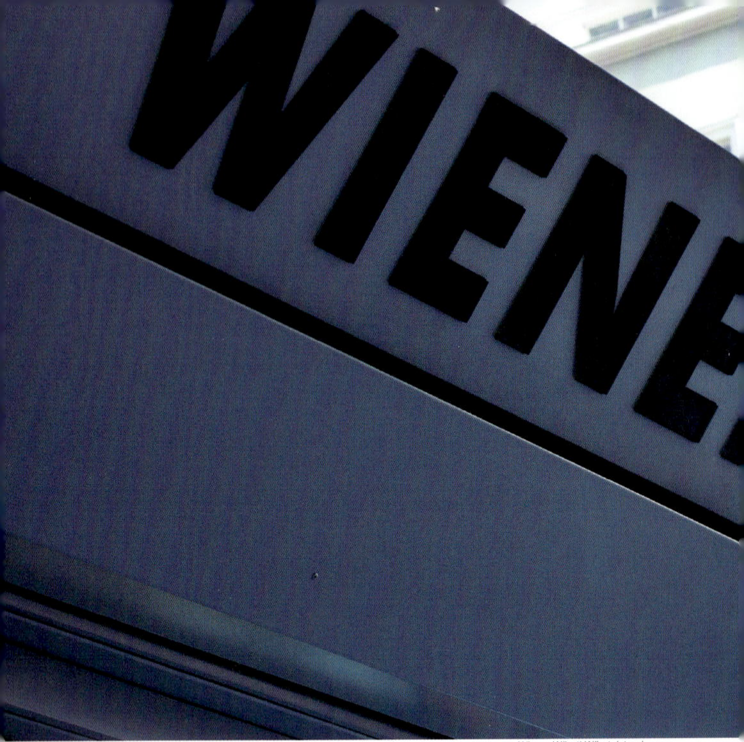

Wiener Würstl Würstelstand

mit einem Schnitzel, das beeindruckende 550 kg wog. Der Rekord für das längste Schnitzel steht seit 2009 bei 96,7 m.

FRANKFURTER ODER WIENER WÜRSTCHEN

Johann Georg Lahner (1772-1845) war angeblich der Erfinder der Frankfurter

JOHANN GEORG LAHNER
Seine Frankfurter wurden bald auch bei Hof genossen. Johann Nestroy, Franz Schubert, Johann Strauss und ganz besonders Adalbert Stifter waren prominente Liebhaber der Wurst.

oder Wiener Würstchen. Anfang des 19. Jahrhunderts übersiedelte der Frankfurter Fleischermeister nach Wien und gründete einen Betrieb.

BUSCHENSCHANK

Jedes Bundesland hat sein eigenes Buschenschank-Gesetz. Die Grundlage dazu liegt in einem Gesetz von Kaiser Josef II. aus dem Jahre 1784, laut dem jeder Weinbauer selbst erzeugte Getränke und Speisen nach Preisen seines Beliebens verkaufen durfte.

ERLAUBTE GERICHTE
Wer eine Buschenschank betreibt, darf keineswegs alles anbieten: So sind auf der Speisekarte etwa nur kalte Gerichte sowie selbstgemachte Mehlspeisen zulässig. Eine typische Buschenschank-Spezialität ist die „Brettljause" mit Fleisch- und Wurstaufschnitt, Aufstrichen, Kren und Schwarzbrot.

GESETZLICHE HEURIGENGEBIETE

In Wien gibt es laut Wiener Buschenschank-Gesetz sieben offizielle Heurigengebiete. Der 19. Bezirk ist dabei der einzige, der vollständig als solches gilt.

Die sieben Heurigengebiete innerhalb des Wiener Stadtgebiets sind:
- 10. Bezirk: zwischen Oberlaa-Land und Unterlaa
- 16. und 18. Bezirk: westlich der Verbindungsbahn
- 17. Bezirk: zwischen Dornbach und Hernals
- der gesamte 19. Bezirk
- 21. Bezirk: Groß-Jedlersdorf, Stammersdorf und Strebersdorf
- 23. Bezirk: Atzgersdorf, Kalksburg, Liesing, Mauer und Rodaun

DEMELINERINNEN

Die Bedienung der bekannten k.u.k. Hofzuckerbäckerei Demel kennt man als „Demelinerinnen". Sie wurde durch ihre besondere Uniform und ihr „Demel-Deutsch" bekannt.

Heurigengebiet Nussdorf

UNDANKBARER SITZPLATZ
Der Tafelspitz hat seinen Namen angeblich von den Adeligen, die an der Spitze der Tafel Platz nahmen. Dort wurde stets zum Schluss serviert - man hatte also nicht viel Zeit um sein Gericht einzunehmen.

4 X TAFELSPITZ

Mit „Tafelspitz" können vier Dinge gemeint sein:
- das Fleischstück vom Rind oder Kalb, dass an deren Schwanz grenzt
- das der Wiener Küche entstammende Gericht
- der Restaurantführer
- der österreichische Film aus dem Jahre 1994

ROSA IST NICHT FÜR ALLE DA

Im Jahr 2002 hat sich Manner sein charakteristisches Rosa schützen lassen. Die

Mozart-Leckereien

Konditor-Kette Aida hat „ihr" Rosa zwar nicht schützen lassen, aber durch den Schutz der Wort-Bild-Marke (des Logos) ist die Farbe indirekt doch wieder geschützt.

MOZART-LECKEREIEN

Mozartkugel, Mozarttorte, Mozarttaler - Mozart-Leckereien gibt es in allen Varianten. Die „Mozartcreme" allerdings ist leider nicht zum Verzehr geeignet. Es handelt sich hierbei um Schuhcreme.

DIE FETTEN JAHRE SIND VORBEI

Im ersten österreichischen Adipositasbericht aus dem Jahr 2006 kann man nachlesen, dass in Wien mit 57,4% der Männer übergewichtig sind, jedoch nur 19,7% aller Frauen. Insgesamt ist Wien das fünft „dickste" Bundesland.

WIENER TEILUNG

Gemeint ist hier eine spezielle Methode zur Teilung von Rindfleisch, wobei das Rind in fünf anstatt wie üblicherweise in vier Teilen zerlegt wird.

WIENER STERILISIERUNGSGESELLSCHAFT

Die Wiener Sterilisierungsgesellschaft wurde im Jahr 1898 gegründet und war dafür verantwortlich, eigentlich schon ungenießbares (da verdorbenes) Schweinefleisch durch Sterilisation wieder genießbar zu machen.

BROTPREISKOMMISSION

In Wien konnte man für lange Zeit keine Einigung über einen angemessenen Weißbrotpreis erzielen. Deshalb wurde am 16.10.1950 der Verbraucherpreis für Weißbrot

Franziskaner Platz - kleines Café

bei 3,80 Schilling pro Kilogramm festgelegt, angepasst an den der anderen Bundesländer.

HERMANN CZECH

Der Architekt Hermann Czech gestaltete das Restaurant Salzamt, das Kleine Café, die Wunderbar, das Theatercafé und das Gasthaus Immervoll.

WIENER WIRTE
Es gibt knapp 7.000 aktive Gastronomiebetriebe in Wien, das heißt bei ca. 30.000 Zinshäusern befindet sich in fast jedem 4. Haus ein Wirt!

EIN SÜSSER LETZTER WILLE

In den fünfziger Jahren wurde der Bürgermeister Wiens mit der Verteilung von 915 Pfund Süßigkeiten und Naschereien für

bedürftige Kinder beauftragt, die aus New York gesendet wurden. Eine Frau hatte in ihrem Testament festgehalten, dass jedes Jahr zu Weihnachten Lebensmittel an bedürftige Wiener Kinder geschickt werden sollen.

SACHERTORTE

Rund 70 Tonnen Marillenmarmelade werden jedes Jahr für die original Sachertorten verarbeitet.

facebook.com/Raum66

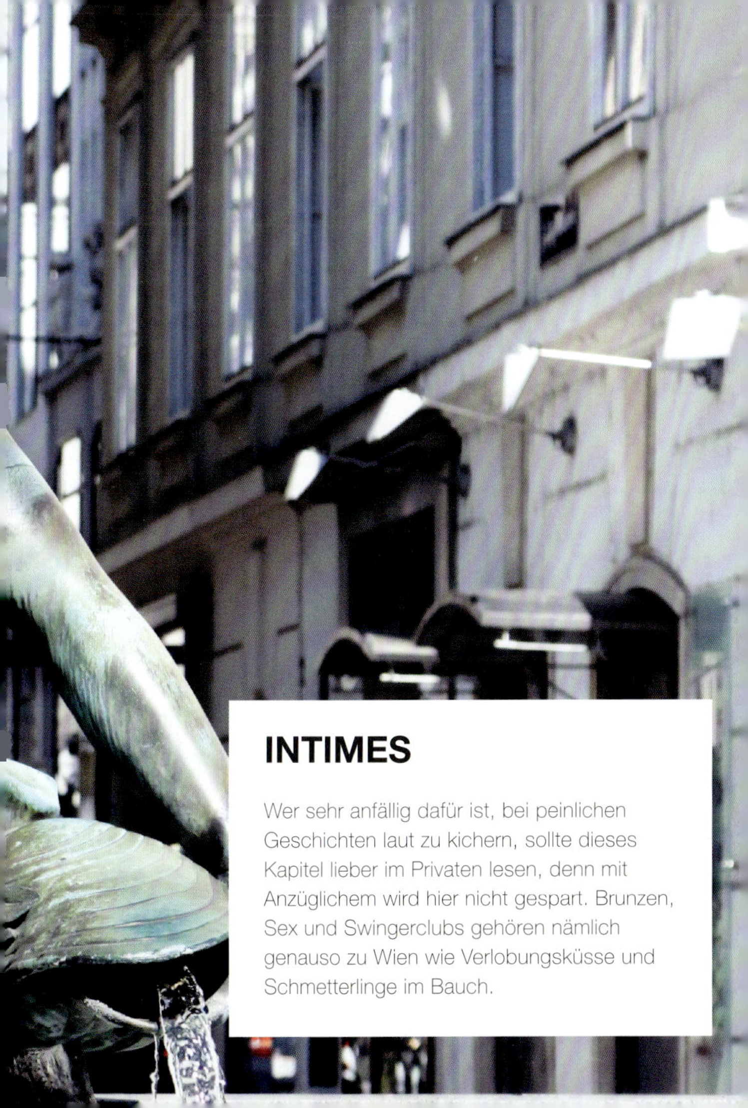

INTIMES

Wer sehr anfällig dafür ist, bei peinlichen Geschichten laut zu kichern, sollte dieses Kapitel lieber im Privaten lesen, denn mit Anzüglichem wird hier nicht gespart. Brunzen, Sex und Swingerclubs gehören nämlich genauso zu Wien wie Verlobungsküsse und Schmetterlinge im Bauch.

Jugendlicher Athlet

GAYSAUNAS & SWINGERCLUBS

Gaysaunas & Swingerclubs gehören zum Fachverband Gesundheitsbetriebe in der Wirtschaftskammer Wien.

SCHNEEBRUNZER

Dieses feine Wiener Schimpfwort bezeichnet laut „Wörterbuch der Wiener Mundart":

1. einen altersschwachen oder impotenten Mann

2. eine kindische Person
3. einen kleinen Buben

BRUNZEN

GEORG DANZER
Dass nicht nur Schnee zum Brunzen gut geeignet ist, bewies Georg Danzer mit seinem „Strandbrunzer-Tango".

„Brunzen" stammt von dem mittelhochdeutschen Wort brunnezen (brunnen) ab und bedeutet herausfließen, hervorquellen bzw. einen Brunnen schlagen.

OBEN OHNE

Der Wiener Modedesigner Rudi Gernreich entwarf den gewagten Monokini als Weiterentwicklung des Bikinis. Die Präsentation der „Oben Ohne Bademode" an einem Strand in Chicago im Jahre 1964 dauerte genau drei Minuten, dann wurde sie von 15 Polizisten beendet.

GÄNSEHÄUFEL

NACKERBAZL-PARADIES
Das Gänsehäufel hat einen der ältesten FKK-Badebereiche Wiens, inklusive „Nudistenbeisl", wo man gänzlich hüllenlos Schnitzel und Bier genießen kann.

Der Naturheilkundler Florian Berndl pachtete das Gänsehäufel um 1900 und brachte dort vielen Wienern seine Vorstellungen von einer naturbezogenen Badekultur näher. Das gemeinsame Baden von Frauen und Männern führte jedoch zu Konflikten mit konservativen Bürgern und so wurde Berndl 1905 der Pachtvertrag aufgekündigt, offiziell aufgrund einer fehlenden Kantinenkonzession.

VERLOBUNGSKUSS

Im Mittelalter hatte der Verlobungskuss rechtlich bindende Wirkung. Wer sich einmal geküsst hatte, musste heiraten.

WIENER KLOSPRÜCHE

Der Wiener Psychologe Norbert Siegl ist derzeit der führende Wissenschaftler auf dem Gebiet der Erforschung von Klosprüchen.

EIN GANZ SPEZIELLER FELDWEBEL

Als „Hurenweibel" bezeichnete man im ausgehenden Mittelalter einen Feldwebel im Unteroffiziersrang, dessen besondere Aufgabe es war, die Dirnen zu befehligen, die im Tross das Heer begleiteten. Der Hurenweibel erhielt den Sold eines Hauptmanns und hatte einen Leutnant und einen Fähnrich als Gehilfen zur Seite gestellt.

VIEL ZU TUN
Zu den Pflichten der Trossweiber (Dirnen) gehörten auch Tätigkeiten wie kochen und putzen.

SYPHILIS ALS DAUERBRENNER

Seit der Eröffnung der Universität Wien im 14. Jahrhundert florierte die Prostitution, denn die Studenten gaben sich nur allzu gerne den fleischlichen Genüssen hin. Leider verbreiteten sich so auch Geschlechtskrankheiten rasant. Vor allem die Syphilis wurde zum Dauerbrenner. Maximilian I. ließ deshalb eigens ein Spital für Syphilitiker errichten.

DAMALS WIE HEUTE
Im Jahr 2012 gab es 368 angezeigte und bestätigte Syphilis-Fälle in Wien.

FREUDENMÄDCHEN

Die katholische Regentin Maria Theresia war Prostituierten nicht gerade wohlgesonnen - weshalb die Freudenmädchen, einmal erwischt, mit heftigen Strafen gezüchtigt wurden. Kam es etwa vor, dass ein Freier mit der Syphilis angesteckt wurde, schnitt man der betreffenden Dame das Haar ab, teerte ihren Schädel und peitschte sie vor der Kirche aus.

HURN WOHI MA SCHAUT

SICHERE QUELLE
Der Kaiser war Insider, ging er doch selbst in Bordellen ein und aus.

1820 gab es in Wien rund 260.000 Einwohner. 20.000 davon waren Freudenmädchen. Kaiser Josef II. soll sich folgendermaßen dazu gäußert haben: „Spannen Sie nur ein großes Tuch über Wien und seine Vorstadt, dann haben Sie gleich ohne Mühe – ein privilegiertes Hurenhaus".

BOYS JUST WANNA HAVE FUN

Der Funpalast in Wien ist Österreichs größtes Bordell und Arbeitsstätte von etwa 50 Prostituierten.

BEWEGENDES

Wien ist eine große Stadt. Und eine solche steht bekanntlich niemals still.
Der Tag beginnt in der mit verschwitzten Grantlern vollgestopften U-Bahn oder Bim. Er beginnt im Auto, gefangen im Zähverkehr der Präpotenten, Hupkonzerte und aus Autofenstern gereckte Stinkefinger inklusive. Auf die Radler warten Hundstrümmerl und Fiakerschätze zum Reinfahren. Erst am Ende des Tages, wenn sich die B'soffenen in Nachtbussen zum Schlafen niederlegen und von Wiener Schwermut Befallene sich vor die U-Bahnen schmeißen, kommt der Verkehr langsam zur Ruhe.
Was Wien bewegt, erzählt dieses Kapitel. Schonungslos.

Tchibo
LLOYD
Wolford
SALAMANDER
LACOSTE

ERSTE AMPEL

1926 wurde die erste Lichtsignalanlage Wiens in Betrieb genommen. Mit dieser Ampel wurde der Verkehr an der Opernkreuzung geregelt.

AMPELANLAGEN
In Wien stehen 1270 Verkehrsampeln, die den Straßenverkehr regeln.

ERSTE SCHAFFNERLOSE BIM

1971 wurden auf der Linie 16 vom Ringturm nach Stadlau erstmals schaffnerlose Straßenbahnzüge eingesetzt.

PSSST!

In Wien gibt seit den 1980er Jahren aufgrund einer freiwilligen Vereinbarung zwischen Verkehrsbetrieben und Medien keine Berichterstattung über Suizidversuche mehr, um Nachahmungstaten zu verhindern.

SELBSTMORDSTATISTIK
Seit dieser Vereinbarung ist die Anzahl der Selbstmorde in Wiener U-Bahnstationen um rund 80% zurückgegangen.

DIE BIM IN DER FUSSGÄNGERZONE

Der Streckenverlauf der Straßenbahnlinien 1, 2, 6 und 67 führt durch Fußgängerzonen:
Die Linie 1 fährt durch die Fußgängerzone in der Radetzkystraße (zwischen Vorderer und Hinterer Zollamtsstraße), die Linie 2 durch die Ottakringer Straße (Höhe Roseggergasse) und die Linien 6 und 67 durch die Fußgängerzone in der Quellenstraße. Die Linie 67 fährt außerdem noch durch die Fußgängerzone in der Favoritenstraße.

FUSSGÄNGERZONE
Die Kärntner Straße ist die älteste Fußgängerzone in Wien. Sie wurde am 6. August 1974 offiziell eröffnet nachdem das gesamte Gebiet Stephansplatz, Graben, Kärntner Straße und Bräunerstraße im Jahr 1971 einen erfolgreichen Probelauf als FuZo überstanden hatte.

Haltestelle

FUSSGÄNGERZONE

Laut einer Erhebung aus dem Jahr 2011 gibt es in Wien insgesamt 253.435 m² Fußgängerzone.

KÜRZESTE UND LÄNGSTE STATIONSABSTÄNDE

Der kürzeste Abstand zwischen zwei U-Bahn Stationen der Wiener Linien beträgt nur etwa 350 Meter und trennt die U2-Stationen Volkstheater und Museumsquartier.
Die größte Entfernung (ca. 1.555 Meter) liegt

zwischen den beiden U4-Stationen Spittelau und Heiligenstadt.

REKORDVERDÄCHTIGER LIFTSCHACHT

Der tiefste Liftschacht im Wiener U-Bahnnetz führt von der Gerstnerstraße direkt zur U3 am Westbahnhof und misst 22,25m.

DIE KAHLENBERGBAHN

Die Kahlenbergbahn war die erste Zahnradbahn Österreichs und brachte Touristen von Nussdorf auf den Kahlenberg. 1923 wurde der Betrieb eingestellt.

VIELE FAHRGÄSTE

Die Wiener Linien befördern pro Jahr ungefähr 113 Mio. Fahrgäste per Autobus, 193 Mio. per Bim und 567 Mio. mit der U-Bahn.

WIENER LINIEN HALTESTELLEN

Die U-Bahnen der Wiener Linien halten an 101, die Straßenbahnen an 1.031 und die Autobusse an 3.320 Haltestellen.

KLEINER HINWEIS AM RANDE
In Wien gibt es mehr Bussta-tionen als Ampeln.

FESTLICHER ABSCHIED

Bis 1. Juli 1961 war auf der Strecke Südbahnhof - Alser Straße die Straßenbahnlinie 13 unterwegs. Hunderttausende Wiener

LINIE 13
Die Tramway wurde durch neue Stockautobusse ersetzt.

Straßenbahn

begleiteten den Festzug, der zu Ehren des letzten 13ers veranstaltet wurde.

FLEISSIGE ÖFFIS

Jeden Tag fahren die Wiener Öffis etwa 180.000 Kilometer. Das entspricht 4,5 Runden um die Erde.

VERKEHRSMONOPOL

Ab dem Jahr 1703 war der kaiserliche Kammerdiener Heinrich Ernst Rauchmüller im alleinigen Besitz der Lizenz, Sänften

(Tragesessel) als Fortbewegungsmittel anzubieten. Erst 1781 wurde das Einzelprivileg aufgehoben.

RECHTSVERKEHR

1938 wurde in Wien auf Rechtsverkehr umgestellt. Trotzdem fuhr die Wiener Stadtbahn noch bis in die 80er Jahre und die Schnellbahnzüge der ÖBB noch bis 2012 links.

ROLLTREPPEN
Auf Rolltreppen gilt mit dem „Links gehen - Rechts stehen" Prinzip noch immer Linksverkehr.

DAMPFEISENBAHN

Die erste Dampfeisenbahn in Österreich fuhr im November 1837 auf der Strecke zwischen Floridsdorf und Deutsch-Wagram. Der erste Personenzug mit 218 zahlenden Passagieren verließ am 6. Jänner 1838 um 9:30 Uhr den Wiener Nordbahnhof nach Deutsch-Wagram.

„UNBEGRÜNDETES STEHENBLEIBEN"

Wer sich über herumstehende Leute aufregt, dem wird die folgende geltende Verordnung wohl Freude bereiten. Denn in Österreich ist „Unbegründetes Stehenbleiben auf einem Gehsteig" (§78c StVO) verboten. Aufgrund dieses Vergehens werden jährlich vor allem in Wien über 1.000 Menschen mit einer Geldstrafe von 70,- bis 700,- Euro belegt. Wer diesen Betrag nicht aufbringen kann, muss ersatzweise drei Tage bis einen Monat im Häfen verbringen.

SCHLEICHER UND SCHLENDERER
Meistens richtet sich diese Bestimmung jedoch nicht gegen Schleicher und Schlenderer, die im Weg stehen, sondern sie betrifft vor allem indirekt das eigentlich erlaubte Betteln bzw. wird oft an Plätzen, an denen häufiger Drogenhandel zu beobachten ist, angewendet.

Fiaker

RADWEGNETZ WIEN

Das Wiener Radwegenetz hatte zu Beginn der 1990er Jahre eine Länge von 190 Kilometern, 2013 waren es bereits 1.246 Kilometer.

FIAKER

FIAKER-STRECKE
Ein Fiaker legt pro Tag durchschnittlich 30 km zurück.

Der Begriff „Fiaker" leitet sich von dem Pariser Hotel St. Fiacre in der Rue St. Martin ab, in dem der Pferdehändler Nicolas Souvage wohnte. Selbiger Pferdehändler vermietete 1662 erstmals Lohnkutschen - ausgerechnet in der Rue de Saint Fiacre.

KAISER FERDINANDS-NORDBAHN (KFNB)

Die ersten Lokomotiven der Kaiser Ferdinands-Nordbahn hießen „Austria" und „Moravia". Die Flotte wurde bald durch drei Güterzuglokomotiven mit den Namen „Samson", „Hercules" und „Vulcan" erweitert.

DIE WIENER KANALISATION

Das Kanalisationsystem der Stadt umfasst ca. 2.400 Kilometer, was ungefähr der Fahrstrecke von Wien nach Madrid entspricht. Etwa 99 Prozent der Wiener Haushalte sind daran angeschlossen, was im europäischen Vergleich ein Spitzenwert ist.

EINE MENGE MIST
Täglich werden etwa 15 Tonnen Abfall aus der Wiener Kanalisation entfernt, damit die Kanäle nicht verstopfen.

Kanal / 19. Jahrhundert

GEMEINDESTRASSEN

In Wien gibt es mehr als 6.840 Gemeindestraßen mit einer Gesamtlänge von über 2.750 km.

EINZIGARTIG

Österreichs einziges Autokino befindet sich am Rande Wiens in Groß Enzersdorf.

U-BAHN-WELTREKORD

Genau 4 Stunden und 54 Minuten brauchte der Motorjournalist Andreas W. Dick im Jahr 2013, um alle 104 Stationen des Wiener U-Bahn-Netzes abzufahren.

WIENER EINKAUFSSTRASSEN

2010 besuchten um 9% mehr Passanten die Wiener Einkausstraßen als 2008. Die drei meistfrequentierten Straßen waren 2010 der Graben mit 125.096, die Kärntner Straße mit 124.565 und die Mariahilfer Straße mit 113.923 Passanten.

DER KRUMME RING

Die Wiener Ringstraße ist 5,2 km lang und sieht nur, wenn man großzügig mit dem Wort „Ring“ umgeht, wie ein solcher aus.

Straßenshild

DER GRABEN

Der Graben ist mit über 125.000 Passanten täglich die meistfrequentierte Einkaufsstraße Wiens. Im 19. Jahrhundert war der Graben auch die meistbefahrene Straße Wiens.

STRASSENBAHNNETZ

Das Wiener Straßenbahnnetz ist etwa 215 Kilometer lang.

STADT Wien
BEKANNT

UNTERHALTSAMES

Schon in der ersten Auflage dieses kleinen Wunderbuches mussten wir herausfinden, dass das Ausmaß des herrlich unnützen WienWissens kaum einzufangen ist. Es gibt zu jedem Thema so vieles, das man erzählen könnte.
Aber weil auch manches in kein Genre passt, fasst dieses Kapitel unser Lieblings-WienWissen noch einmal zusammen.

Ausblick auf Wohnpark Alt Erlaa

TELEFONZELLEN IN WIEN

Jede Wiener Telefonzellen wird täglich im Durchschnitt 2,5 mal benutzt. Gerechnet wurden hierbei nur „artgerechte" Nutzungen zum Telefonieren und Surfen.

WIENER TELEFONZELLEN
Die Telekom Austria betreibt etwa 4.100 Telefonzellen in Wien.

BRIEFE

Der Tag mit dem stärksten Briefaufkommen Wiens war der 21. Dezember 2004. Im Verteilerzentrum wurden 6,5 Mio. Briefe sowie 360 Tonnen Zeitungen und Zeitschriften von 12.000 Mitarbeitern die ganze Nacht bearbeitet.

POSTFACH 555, 1008 WIEN

Wer einen Brief an das Postfach 555, 1008 Wien schickt, wird darauf nie eine Antwort erhalten. Denn Post, die an diese Wiener Adresse geht, landet direkt im Papierschredder.

WOHNPARK ALT ERLAA

Im Wohnpark Alt Erlaa werden etwa 3.400 Kunden von 4 Postzustellern betreut, die täglich ca. 23.000 Postsendungen zustellen.

TEURER FOTOSPASS

TEUERSTER FOTOSPASS
Die teuerste Kamera der Welt wurde 2012 bei der 21. WestLicht Photographica Auction um 2,16 Mio. Euro verkauft. Von dem edlen Modell der Marke Leica aus dem Jahr 1923 gibt es weltweit nur 12 Exemplare.

Die erste kommerziell hergestellte Kamera der Welt - die Daguerréotype Giroux aus dem Jahr 1839 - wurde 2010 in der Galerie Westlicht bei der 17. WestLicht Photographica Auction um unfassbare 732.000 Euro versteigert. Ein Jahr lang galt sie als die teuerste Kamera der Welt.

CANNABIS-KONSUM

Über 20% der Wiener Bevölkerung gaben 2011 an, schon Hanfprodukte konsumiert zu haben. 10 % der Wiener kiffen regelmäßig.

CHRISTBAUMSAMMELSTELLEN

In Wien gibt es nach Weihnachten 504 Christbaumsammelstellen. In den letzten Jahren wurden ungefähr 135.000 Christbäume

(rund 600 Tonnen) pro Jahr abgegeben. Mit der aus dieser Menge an Christbäumen produzierten Energie könnten rund 3.000 Wiener Wohnungen im Winter einen Monat lang mit Fernwärme versorgt werden.

BETTEN IM AKH

Das AKH verfügt über insgesamt 2.206 Betten. Diese splitten sich auf in 1.906 Normalbetten, 165 Intensivbetten und 176 sonstige Betten.

KRONEN ZEITUNG

Die Kronen Zeitung erschien erstmals im Jahr 1900. Der Name bezieht sich auf den Preis des monatlichen Abos, der eine Krone betrug.

ERFOLGSGESCHICHTE
Die erste Erfolgsstory der Kronen Zeitung hatte den Titel „Königsmord zu Belgrad", wurde am 11. Juni 1903 veröffentlicht und führte zum Durchbruch der Zeitung.

Burggarten / Parkbank

LEBENSERWARTUNG

Die durchschnittliche Lebenserwartung im 13. und 19. Bezirk beträgt 82 Jahre, während es im 11. Bezirk nur 73 Jahre sind.

WIENS ALTER

ALTE WIENER
2011 waren 382 WienerInnen älter als 100 Jahre.

Wien ist im Durchschnitt 41 Jahre alt. Frauen sind 42,6 Jahre alt, Männer hingegen nur jugendliche, frische 39,3 Jahre alt.

EHRENGRÄBER

Ehrengräber der Stadt Wien werden von der Stadt finanziert und gepflegt und ausschließlich auf dem Wiener Zentralfriedhof angelegt. Mit

HELMUT
QUALTINGER

GUSTAV KLIMT
Der berühmte Künstler Gustav Klimt war nie verheiratet, zeugte aber angeblich siebzehn Kinder.

einer Ausnahme: Das Ehrengrab von Gustav Klimt befindet sich auf dem Hietzinger Friedhof.

EHRENHALBER GEWIDMETE GRÄBER

Neben Ehrengräbern gibt es auch „ehrenhalber gewidmete Gräber". Diese sind auf 34 städtische Friedhöfe verteilt. Gemietet und bezahlt werden sie von der Stadt Wien, doch die Grabpflege müssen Angehörige übernehmen.

ADOLF LOOS' GRABSTEIN

ADOLF LOOS
Der Asteroid (19129) Loos wurde am 24.06.2002 nach Adolf Loos benannt.

Wer Adolf Loos einmal nahe sein möchte und nicht in die immer sehr volle Loosbar gehen will, kann ihm einen Besuch auf dem Wiener Zentralfriedhof abstatten. Dort ruht dieser berühmteste Architekt (1870 – 1933): Gruppe 0, Reihe 1, Nummer 105. Wie es sich für einen Mann der Kunst gehört, stammt das Grabstein-Design natürlich von ihm selbst.

BIO-LANDWIRTSCHAFT

Wien besitzt rund 1.000 Hektar Bio-Anbaufläche. Damit ist der Landwirtschaftsbetrieb der Stadt Wien einer der größten heimischen Bio-Betriebe.

COLONIAKÜBEL

Zeiten ändern sich: aus Mistkübel wurde

Coloniakübel und aus Colonia wurde Köln. Nach dem Ersten Weltkrieg führte die Wiener Stadtverwaltung Abfallsammelbehälter mit Deckel nach Kölner Vorbild ein - daher der Name Coloniakübel.

EIN DRECKIGES GESCHÄFT
In den Wiener Mistkübeln landen jährlich etwa 70 Millionen gebrauchte Babywindeln und 30.000 Tonnen Katzenstreu.

DAS GYMNASIUM KUNDMANNGASSE

Viele von uns erinnern sich mit Schrecken daran: Den 6-Tage Unterricht in der Schule. Besonders lang mussten das die SchülerInnen des Gymnasiums Kundmanngasse aushalten, denn sie war eine der letzten Schulen Wiens, die den Sechs-Tage-Unterricht abschaffte.

Wiener Brunnenmarkt

GESCHÄFTIGES MARKTTREIBEN

HISTORISCHER URSPRUNG
Der Brunnenmarkt hat seinen Namen von einem Trinkwasserbrunnen, der von Joseph II. zur Versorgung der Anrainer gebaut wurde. Mit Einführung der Pferdestraßenbahn wurde der Brunnen zugeschüttet - die Brunnengasse und der Brunnenmarkt blieben.

Der Wiener Brunnenmarkt ist mit etwa 60.000 Besuchern pro Woche der meistfrequentierte Wiener Markt.

DIE WIENER BAUERN

Etwa 15 Prozent des Stadtgebietes wird landwirtschaftlich genutzt. Die Wiener Bauern produzieren pro Jahr etwa 50.000 Tonnen Gemüse und decken damit Wiens Bedarf an Frischgemüse zu etwa 70 Prozent.

Unfeine Gerüche

UNFEINE GERÜCHE

Ein Geruch war um 1900 in Wien allgegenwärtig: Der Gestank des Kots und Urins von 42.000 Pferden (die Pferde des Militärs und des Hofes nicht mitgerechnet), die damals in Wien lebten und arbeiteten.

ELSBEERE

Im Wienerwald stehen ein paar besonders hohe

Exemplare der Elsbeere, einem hartholzigen Baum mit roten Früchten. Die Elsbeere wurde Baum des Jahres 2011.
Besonders beliebt war ihr Holz bei Faber Castell und Aristo, die aus ihr hochwertige Rechenschieber produzierten.

DIE EISERNE HAND

Das erste Nähgerät „die eiserne Hand“, erfunden von Josef Madersperger, steht im Technischen Museum in Wien und ist immer noch funktionsfähig.

BAUJUWEL FINANZAMT

Das wohl schönste Finanzamt von Wien mit einem einmaligen Gartensaal („Sala terrena") befand sich im Josefstädter Palais Strozzi. Im Jahr 2012 übersiedelte das Finanzamt für die Bezirke 8,16 und 17 in das neu eingerichtete Finanzzentrum Wien Mitte.

AUFZÜGE

Das höchste Gebäude der Welt steht in Dubai und streift mit seinen 828 Metern Höhe schon die Wolken. Mit den insgesamt 7.600 Aufzügen in den Wiener Gemeindebauten könnte man dort etwa zehn mal hinauf und hinunter fahren.

WIENER DONAUTURM
Der Donauturm ist mit 252 Metern das höchste Bauwerk in Wien und auch in ganz Österreich.

ANTON-SCHMID-HOF

Zwei Gemeindebauten in Wien haben den selben Namen: „Anton-Schmid-Hof". Einmal im Dritten, benannt nach dem Bezirksvorsteher-Stellvertreter Anton Schmid und einmal im 20., benannt nach dem Installateur und Radiogeschäfts-Besitzer Anton Schmid, der als Feldwebel der deutschen Wehrmacht über dreihundert Juden das Leben rettete und dafür als Verräter hingerichtet wurde.

DIE ANTON-SCHMID-HÖFE

Leipziger Straße 38-40
Pappenheimgasse 31
1200 Wien

Zaunergasse 12-14
1030 Wien

WÄSCHETROCKNER

Spielpaltz Wien

Zum Trocknen der Wäsche der Wiener Gemeindebaubewohner sind insgesamt 5.500 Wäschetrockner im Einsatz.

PLÄTZE ZUM SPIELEN

Zählt man alle Spielplätze in Graz, Salzburg, Linz, Innsbruck, Klagenfurt, Eisenstadt und Bregenz zusammen, kommt man auf gut 400 Spielplätze. In den Wohnhausanlagen der Wiener Gemeindebauten gibt es mit 1.300 dreimal so viele Spielplätze.

WIENER WOHNEN ist die größte Hausverwaltung Europas. Sie verwaltet etwa 220.000 Gemeindewohnungen

REICHLICH BEWACHSEN

Bei der Aufforstung der Donauinsel wurden in etwa 1.800.000 Bäume und Sträucher gepflanzt. Eine ähnliche Anzahl von Sträuchern

Wienblick

befindet sich auf den Grundstücken von Wiener Wohnen.

PROMINENTER BESUCH IM GEMEINDEBAU

Bei dem Wiener Gipfeltreffen zwischen US-Präsidenten John F. Kennedy und dem Ministerpräsident der UdSSR, Nikita Chruschtschow, im Juni 1961 stand auch der Besuch eines der größten Gemeindebauten Wiens am Programm. Besichtigt wurde der Hugo-Breitner-Hof in der Linzer Straße.

HAUSBESORGER
In Wien gibt es noch etwa 1200 Hausbesorger, auch „Hausmasta" genannt. Vakante Stellen werden aber nicht mehr nachbesetzt.

SPERRGELD

Die Dienste des Hausbesorgers für das Öffnen des Haustores kosten derzeit vor Mitternacht 4,00 Euro, nach Mitternacht 4,50 Euro.

STÄDTENAMEN ALS HÄUSERNAMEN

Vier Gemeindebauten in Wien wurden nach Städten benannt: Berliner Hof, Bieler Hof, Kopenhagenhof und Zürcher Hof.

THEMENVIELFALT
Die Themen der in Wien stattfindenden Kongresse reichen von Wirtschaft („Österreichisch-es EinkaufsForum") über Technik („European Conference on Magnetic Sensors and Actuators") und Wissenschaft („Dream Analasys and Existential Psychotherapy") bis hin zu Spirituellem („Göttinnen-Konferenz").

KONGRESSSTADT WIEN

Wien gehört weltweit zu den führenden

Wiener Staatsoper

Kongress- und Tagungsstädten für Wissenschaft und Wirtschaft. In den letzten Jahren führte Wien sogar das Ranking an. Im Jahr 2011 fanden in Wien 181 internationale Kongresse statt.

OPERNBALL-PAUSE

Am 9. Februar 1956 fand der erste Wiener Opernball nach der langen Pause wegen des Zweiten Weltkriegs statt. Der letzte Opernball davor hatte 1939 stattgefunden.

„WIENER" OPERNBALL
Der Wiener Opernball wird seit einigen Jahren auch in New York, Dubai, Zagreb und Kuala Lumpur veranstaltet.

WIENER OPERNBALL

Die Herren müssen beim Opernball weiße

Fliegen zum schwarzen Frack tragen, um sie von den Kellnern zu unterscheiden. Diese tragen schwarze Fliegen.

GRETE NOVAK

Grete Novak war die Besitzerin des Wirtshauses Gmoakeller im 3. Bezirk und ein echtes Wiener Original. Wen sie in ihrem Lokal haben wollte, bestimmte sie selbst. Sogar Bundeskanzler Franz Vranitzky wurde einmal beinahe von ihr hinausgeworfen - bis die resolute Wirtin den ehemaligen Stammgast wiedererkannte.

BEPOLSTERT
Im Hotel Ananas kann man als Gast ganz entspannt den Kopf im Polster versinken lassen und aus verschiedensten Varianten wählen. Im Sortiment: Kuschelkissen, Nackenstützkissen, Zirbenkissen oder Nackenrolle.

HANS MOSER

Johann Julier alias Hans Moser war das dritte Kind von Franz und Serafina Julier und wuchs in Wien Margareten auf. Das Elternhaus des legendären Schauspielers, der in Film und Theater perfekt den Wiener Raunzer verkörperte, befand sich an der Stelle, an der heute das Hotel Ananas steht. Die Adresse: Rechte Wienzeile 93-95.

JULIUS VON FICKER

Julius von Ficker war ein Historiker. Nach ihm ist die Julius-Ficker-Straße in Floridsdorf benannt.

KATHOLISCHE JUNGSCHAR

1945 wurden die ersten Jungschargruppen in Wien gegründet. Heute sind in Wien etwa 20.000 Mädchen und Buben bei der Katholischen Jungschar.

LUFTBALLONS

Am 8.5.1950 haben Wiener Schulkinder 8.000 rote und blaue Luftballons steigen lassen. Der Anlass für dieses Ballonsteigen war der Geburtstag von Henri Dunant, dem Gründer des Internationalen Roten Kreuzes.

FLEISSIGE ÄMTER

Wiens magistratische Bezirksämter haben im Jahr 2011 542.000 An-, Um- und Abmeldungen durchgeführt.

GELD FÜR GAMSWILD

Im Wiener Gemeindedienst gibt es laut Nebengebührenkatalog 2004 eine Abschussprämie für Gams(!)wild von 11,33 Euro.

NEPOMUK-STATUEN

Auf öffentlichen Straßen in Wien stehen knapp 50 Statuen des Heiligen Johannes Nepomuk. Für die Pflege und Restaurierung der Nepomuk-Statuen werden jährlich rund

KURIOSES AUS DEM NEBENGEBÜHRENKATALOG
Auf der Liste der Zuschüsse für Bedienstete der Stadt Wien finden sich u.a.:
- eine „Entwesungsprämie" für Körperentlausungen (30,93 Euro)
- eine Gefahrenzulage für Fotografen (84,21 Euro / Monat)
- eine Zulage für die Bedienung der Schneekanonen auf der Hohe-Wand-Wiese (2,22 Euro / Stunde)

25.000 Euro ausgegeben. Man findet sie oft auf Brücken.

NUSSDORFER WEHR- UND SCHLEUSENANLAGE

Die Nussdorfer Wehr- und Schleusenanlage liegt in Brigittenau. Obwohl der Name eine Zugehörigkeit zu Döbling vermuten lässt, befindet sie sich im 20. Wiener Bezirk.

ORF - SENDEZEIT

Was heute selbstverständlich ist, gibt es noch nicht ewig - erst mit der Programmreform 1995 sendet der ORF ein 24-Stunden-Programm. Bis dahin wurde immer zu Programmschluss die Nationalhymne gespielt, worauf das bekannte Testbild und danach der so genannte „Schnee" folgten.

KOTTAN ERMITTELT

In der Episode „Kansas City" von „Kottan ermittelt" erschien die Laufschrift „UFO bei Duisburg gelandet. Sondersendung nach diesem Beitrag..." im Bild. Während man diese Nachricht in Wien eher gelassen aufnahm, gab es heftige Reaktionen deutscher Zuschauer, die bei der Polizei anriefen und teilweise die Telefonnetze lahmlegten.

MORD-REKORD IM TATORT

Der im Februar 2012 ausgestrahlte „Tatort“ mit dem Wiener Chefinspektor Moritz Eisner forderte 15 Todesopfer. Das war absoluter Rekord in der über 40-jährigen Geschichte des Krimiklassikers.

VON DER POLITESSE ZUR POLIZISTIN

Seit 1971 waren in Wien Politessen für die Überwachung des ruhenden Verkehrs verantwortlich. Erst seit 1991 gibt es Polizistinnen im eigentlichen Sinne, also mit gleichen Aufgaben, gleicher Bezahlung und gleicher Ausbildung wie die männlichen Kollegen.

HINWEIS AM RANDE
Das männliche Pendant zur Politesse ist der Politeur. Die offizielle Berufsbezeichnung lautet „Straßenaufsichtsorgan“.

PAPYRUS-SAMMLUNG

Eine der weltweit umfassendsten Papyrus-Sammlungen gibt es in der Nationalbibliothek in Wien. Die etwa 180.000 Objekte aus dem ägyptischen Kulturraum dokumentieren mehr als 3.000 Jahre Geschichte.

PROLETENBAGGER

In Wien sind noch acht Paternosteraufzüge in Betrieb. Der Name „Proletenbagger“ stammt noch aus einer Zeit, als geschlossene Aufzüge eine Seltenheit darstellten und nur die Chefs mit sogenannten „Bonzenhebern“ fuhren.

DIE WIENER PATERNOSTER FINDET MAN IN FOLGENDEN GEBÄUDEN:

Bundesrechenzentrum
Bürogebäude Trattnerhof
Rathaus
Haus der Industrie
Wirtschaftsministerium
Versicherungsanstalt für Eisenbahnen und Bergbau
Wiener Städtische (Obere Donaustraße)
Wiener Städtische (Ringturm)

PIATNIK

Die Wiener Spielkartenfabrik Ferd. Piatnik & Söhne erzeugt jährlich 25 Millionen Kartenspiele.

REICHE WIENER

Laut einem Bericht der ÖNB von 2013 verfügen die Reichsten 5% der Bevölkerung über rund 45% des Gesamtvermögens. In Österreich leben etwa 80.000 Millionäre, Tendenz steigend.

De 3 Weana mitn meistn Gerstl, Knedl, Nedsch, Zaster, Schotter, Moos, Marie, Kies, Kohle, Zwirn... san:

1. Johann Graf, Novomatic
   4,7 Milliarden Euro
2. Karl Wlaschek, Immobilieninvestor

Kohlmarkt

Wiener Volksgarten

4,2 Milliarden Euro

3. Martin Schlaff, Finanzinvestor

2,2 Milliarden Euro

SCHNEEMANN

Mit elf Jahren komponierte Erich Wolfgang Korngold das Ballett „Der Schneemann“, das 1910 an der Wiener Hofoper uraufgeführt wurde.

GRÜNFLÄCHEN-REKORDE

Die wenigsten Grünflächen gibt es in der Josefstadt mit nur 2 Hektar. Die meisten

Grünflächen befinden sich in der Donaustadt: Rund 5.701,1 Hektar Grünland gibt es hier.

PARKBÄNKE UND BÄUME
In Wien stehen 19.167 Parkbänke und 117.150 Bäume.

WIENER PARKANLAGEN

Wiener Parkanlagen mit insgesamt etwa 200.000 Quadratmetern Fläche sind aus aufgelassenen Friedhöfen entstanden. Unter anderem: Waldmüllerpark, Haydnpark, Währingerpark, Schubertpark, Strauss Lanner Park, ...

KLEINER HINWEIS AM RANDE
Insgesamt hat Wie über 100 Berge und Hügel.

STADT DER BERGE

Die Aussichtsplattform der Gloriette am Schönbrunner Berg bietet eine atemberaubende Aussicht auf die benachbarten „Berggipfel": Richtung Lainzer Sattel sieht man den Roten Berg und den Künigl Berg und in der anderen Richtung den Grünen Berg, den Wienerberg, den Laaer Berg und den Goldberg. Links hinter dem Schloß Schönbrunn erheben sich der Wolfersberg, der Satzberg und der Hüttelberg, dann der Wilhelminenberg, der Kahlenberg und der Leopoldsberg; hinter dem Wohnpark Alt-Erlaa, der Eichkogel und der Steinberg.

VICTOR GRUEN

1956 wurde das Southdale Center südlich von Minneapolis errichtet. Es gilt als weltweit erstes Einkaufszentrum. Geplant von dem Wiener

Rosen / Wiener Volksgarten

Victor Gruen, nach dessen Konzept 1970 auch die erste Fußgängerzone Wiens in der Kärntner Straße entstand.

BLUMIGER VOLKSGARTEN

Im Frühling blühen über 400 Rosenarten im Wiener Volksgarten.

WIEN, DIE GROSSSTADT?

Wien ist aktuell die 139. größte Stadt der Welt und befindet sich damit vor Soweto (1.695.047 Millionen Einwohner) und hinter

WIEN, DIE MILLIONENSTADT
Als vierte Stadt hinter London, New York und Paris überschritt Wien die Marke von zwei Millionen Einwohnern. Im Gegensatz zu den anderen Städten fiel Wien jedoch nach Ende der Donaumonarchie wieder unter diese Marke zurück und hat sie bis heute nicht wieder erreicht.

Warschau (1.712.903 Einwohner). Aktuell gibt es 306 Städte mit mehr als einer Million Einwohnern. Für Wien ist trotz starkem Bevölkerungswachstum mit einem weiteren Zurückfallen im Ranking zu rechnen.

WINDGESCHWINDIGKEIT
Die schnellste in Wien gemessene Windgeschwindigkeit war 135 km/h im Jahr 1976.

STÜRMISCHES STÄDTCHEN

Die meisten Sturmtage seiner Geschichte hatte Wien im Jahr 2000 mit 71 Tagen. Generell gilt Wien als sehr windige Stadt.

WIENER GEISTERBAHN

Im Wiener Prater wurde 1933 die erste Geisterbahn von Friedrich Holzdorfer errichtet.

WIENER FENSTER

LOKALE UNTERSCHIEDE
Bei einem sogenannten „Grazer Fenster" gehen die inneren Flügel nach innen auf, während sich die äußeren Flügel nach außen öffnen lassen. Der Vorteil dabei: Die Fensternische kann besser als Ablage benutzt werden.

Beim Wiener Fenster werden sowohl der innere

als auch der äußere Fensterflügel nach innen geöffnet.

WIENER DONAUPARK

Die lateinamerikanischen Persönlichkeiten Salvador Allende, Simon Bolivar, Jose Marti und Ernesto „Che" Guevara haben eines gemeinsam - ein Denkmal im Wiener Donaupark.

TWIN CITY
Die beiden Städte Bratislava und Wien verfolgen seit 2003 das Konzept „Twin City" demzufolge die Städteentwicklung aufeinander abgestimmt erfolgen soll. Sie sind nur 60km voneinander entfernt, was sie zu den nähesten aneinander gelegenen EU-Hauptstädten überhaupt macht.

STÄDTEPARTNERSCHAFTEN

Wien unterhält dreizehn Städtepartnerschaften:

Belgrad (Serbien)
Bratislava (Slowakei)
Brünn (Tschechien)
Budapest (Ungarn)
Istanbul (Türkei)
Kiew (Ukraine)
Ljubiljana (Slowenien)
Moskau (Russland)
Tabriz (Iran)
Tel Aviv-Jaffa (Israel)
Tunis (Tunesien)
Warschau (Polen)
Zagreb (Kroatien)

WIENER CHRISTKINDLMARKT

Der Wiener Christkindlmarkt auf Wanderschaft: Anfang des 20. Jahrhunderts wurde er Am

Hof abgehalten, später übersiedelte er auf die Freyung, von dort ging es über den Stephansplatz zum Neubaugürtel und wieder zurück Am Hof. Dann war abermals der Stephansplatz sein Standort, bevor er vor den Messepalast verlegt wurde und nach einem Zwischenspiel am Neubaugürtel, ging die Reise wieder zum Messepalast, anschließend in die Kalvarienberggasse und wieder zurück zum Messepalast. 1975 fand er schließlich seinen heutigen Standort am Rathausplatz.

BAMBI IRRTUM

Im Buch von Felix Salten ist Bambi ein Reh und lebt in Europa. Der Film spielt jedoch in Nordamerika und dort ist Bambi ein Weißwedelhirsch. Das beruht auf dem Irrglauben, Hirsch und Reh seien Männchen und Weibchen derselben Tierart – tatsächlich ist ein männliches Reh ein Rehbock. In Amerika gibt es keine Rehe, so wird im Film eine Hirschart dargestellt - die deutsche Synchronisation hingegen spricht wieder von Rehen.

WIENER EISVOGEL

Der Lebensraum des Eisvogels ist der Wiener Hafen. Er wird 2014 59 Jahre alt und Kälte ist das Element des Eisvogels, Wiens einzigen Eisbrechers.

WIENER HÄFEN
Die Wiener Häfen schlagen im Jahr über eine Million Tonnen Güter um, davon sind rund 926.000 Tonnen Erdöl.

LAINZER TIERGARTEN

Im Lainzer Tiergarten kann man wirklich problemlos stundenlang wandern, ohne dabei auf Zivilisation zu treffen: auf was man jedoch treffen könnte sind die 1.000 Wildschweine, 100 Rothirsche, 250 Damhirsche, unzählige Rehe und etwa 700 Mufflons, die hier leben.

WASSERSTAND DONAUKANAL
Die durchschnittliche Wassertiefe des Donaukanals beträgt drei Meter.

WIENER GEWÄSSER

Die Wiener Flüsse, Kanäle, Bäche, Seen und Teiche haben eine Wasseroberfläche von

Wienfluss / Wiener Stadtpark

Wiener Museumsquartier

knapp 2.000 Hektar, das entspricht ca. 5 Prozent des Stadtgebiets.

WIENER MUSEUMSQUARTIER

Zum Zeitpunkt seiner Fertigstellung im Jahr 2001 war das Wiener Museumsquartier das achtgrößte Kulturareal der Welt.

VIELBESUCHT
Das meistbesuchte Museum in Wien ist das Kunsthistorische Museum mit dem Museum für Völkerkunde und dem Theatermuseum mit über 1.3 Mio Besuchern pro Jahr.

WIENER SPARBÜCHSENMUSEUM

Die Erste Bank sammelt seit vielen Jahrzehnten Sparbüchsen und andere Sparbehältnisse. Inzwischen hat man mehr als 10.000 Stück, die man im Maria-Theresien Schlössl in der Gersthoferstraße in Währing auch ausstellt.

ESPERANTOMUSEUM

Das Esperantomuseum in Wien ist das einzige auf Kunstsprachen spezialisierte Museum der Welt.

GLOBENMUSEUM

Im Palais Mollard im 1. Wiener Gemeindebezirk befindet sich das weltweit einzige Globenmuseum, in dem mehr als 600 Erd- und Himmelsgloben ausgestellt werden.

WIENER STADTREINIGUNG

Die drei 28jährigen Elefantendamen Toni, Milli und Romi unterstützten die Wiener Stadtreinigung 1971 bei der Werbekampagne „Wien sauberhalten".

BIG MAC INDEX

Wiens „Big Mac Index" beträgt 14 Minuten. Das ist die Zeit, die ein Wiener durchschnittlich arbeiten muss, um sich einen Big Mac kaufen zu können.

ZIGARETTENSTUMMEL

Etwa 26,3 Millionen Zigarettenstummel landeten 2011 in 10.800 Aschenbechern und 850 Aschenrohren von öffentlichen Mistkübeln.

GACKERL SACKERL

Die mittlerweile allseits bekannte Werbekampagne „Nimm ein Sackerl für mein Gackerl" hat mit den in ganz Wien verteilten Hundegackerlsackerl für saubere Gehwege gesorgt. Wer aber trotzdem noch auf der Suche nach den Gackerlsackerlspendern ist, kann sich auch die App „Gackerl Sackerl" herunterladen und wird schnurstracks zum nächsten Hundegackerlsackerlspender gelotst.

WIESENSTECKER

Etwa 7.000 Wiesenstecker erinnern die Wiener Hundebesitzer an das „Sackerl für mein Gackerl".

KOTSAMMLUNG

Knapp 50.000 gefüllte Hundekotsackerl landen täglich in Wiens Mistkübel.

SIND DIR
36,-

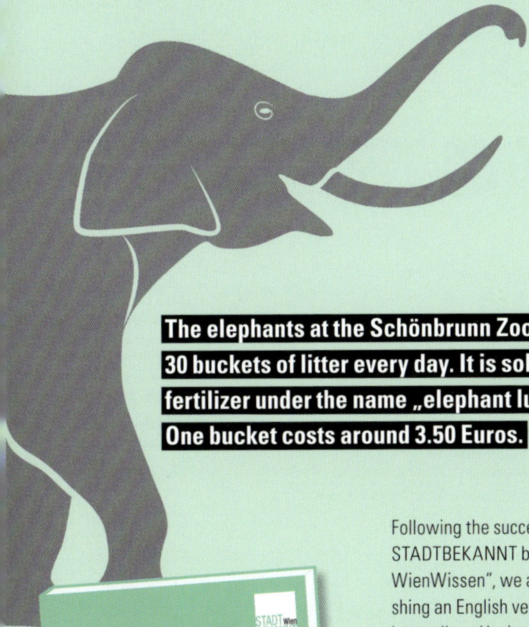

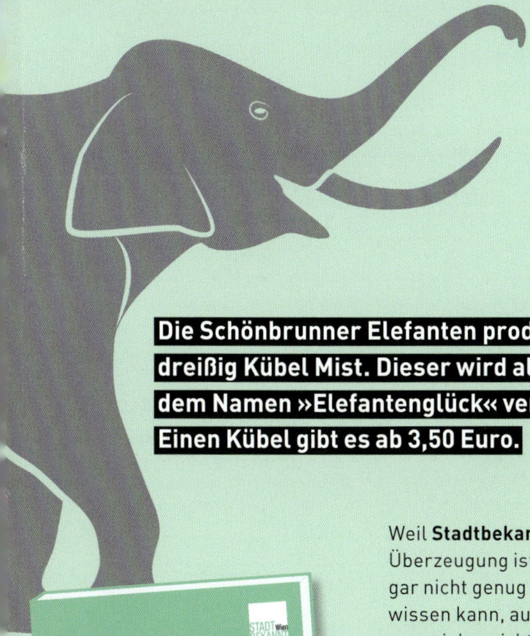

STADT Wien BEKANNT
Unnützes
WienWissen
Holzbaum